초등쌤이 알려주는 자세하게
조선 임금의 비밀

1판 1쇄 펴낸 날 2025년 8월 4일

지은이 김보미
그린이 한규원(필움)
디자인 최한나

펴낸이 박현미
펴낸곳 (주)이북스미디어
출판등록 2022년 4월 25일(제2022-000038호)
주소 서울시 용산구 임정로 11길 4
전화 031-949-9055
팩스 0505-903-5003
전자우편 admin@yibooks.co.kr

© 김보미·한규원(필움), 2025
ISBN 979-11-993557-0-5 74710
      979-11-979285-8-1 (세트)

- 이 책은 저작권법에 의해 보호를 받으며 본사의 허락없이 복제 및 스캔 등을 이용해 무단으로 배포할 수 없습니다. 책의 내용을 재사용하려면 반드시 동의를 구해야 합니다.
- 잘못된 책은 구매처에서 교환해 드립니다.
- 책값은 뒤표지에 표시되어 있습니다.

초등쌤이 알려주는

조선 임금의 비밀

작가의 말

아침에 일어나자마자 누군가 이렇게 외친다고 상상해 보세요.
"전하, 아침 진지를 드시옵소서!"
눈을 뜨면 하인들이 옷을 입혀주고, 맛있는 음식이 쫙 차려지고, 어디 가고 싶다고 말만 하면 바로 가마가 준비돼요. "내가 조선 시대에 태어나서 왕이 된다면 어떨까?" 선생님도 어릴 적엔 이런 상상을 자주 했어요. 멋진 옷을 입고, 신하들이 "전하~" 하고 인사하는 모습을 상상하면 괜히 기분이 좋았거든요. 하지만 알고 보니 조선의 왕은 우리가 생각했던 것보다 훨씬 바쁘고, 고민도 많고, 때로는 외로운 사람이었답니다.

이 책에는 우리가 잘 몰랐던 왕들의 모습이 담겨 있어요. 어떤 왕은 책을 너무너무 좋아해서 왕실 도서관까지 만들고, 어떤 왕은 그림이나 활쏘기를 무척 좋아했지요. 반면에 어떤 왕은 너무 욕심이 많아서 나라를 힘들게 하기도 했고요.

그렇다면 우리는 왜 '조선의 왕'을 알아야 할까요?

왕을 알면, 그 시대가 보이기 때문이죠. 왕이 어떻게 나라를 다스렸는지 알면, 그 시대 사람들이 어떤 세상을 꿈꿨는지도 알 수 있어요. 그리고 그런 꿈과 생각들이 오늘날 대한민국에 어떤 영향을 끼쳤는지도 자연스럽게 연결된답니다. 그걸 통해 여러분은 세상을 더 깊이 이해하는 눈을 키울 수 있어요. 이처럼 역사는 외워야 하는 지루한 공부가 아니라, 세상을 이해하는 열쇠예요. 역사가 우리 삶과 이어져 있는 흥미롭고 중요한 이야기란 걸 이 책을 통해 꼭 느꼈으면 좋겠어요.

이 책을 읽으며,
"아! 옛날엔 이런 일이 있었구나!"
"이 왕 멋지다! 나도 나라를 잘 이끄는 사람이 되고 싶어!"
"역사는 어렵지 않고, 오히려 재밌네!"
하고 느끼게 된다면 선생님은 정말 기쁠 거예요.

이제, 궁궐의 문이 열립니다. 그 문 안에는 왕만 있는 것이 아니에요. 함께 나라를 이끌던 지혜로운 신하들, 궁궐의 하루를 조용히 움직이던 궁녀들, 그리고 말 한마디, 손끝 하나로 조선을 기록한 사람들이 있었지요.

우리 함께 그들을 만나러 떠나볼까요?

— 작가 김보미, 한규원(필움)

차례

1장 조선 전기

1. 새 나라를 세운 **태조** ···················· 014
2. 평화주의자 **정종** ···················· 018
3. 최고의 카리스마 **태종** ···················· 022
4. 뼛속까지 백성을 사랑한 **세종** ···················· 026
5. 오랫동안 세종을 보필한 **문종** ···················· 030
6. 외로운 어린 왕 **단종** ···················· 034
7. 피도 눈물도 없는 잔혹한 군주 **세조** ···················· 038
8. 강력한 왕이 되고 싶었던 **예종** ···················· 042
9. 조선 왕조 체제를 완성한 모범 왕 **성종** ···················· 046
10. 쫓겨난 왕, 포악한 **연산군** ···················· 050
11. 신하들의 반정으로 왕이 된 **중종** ···················· 054
12. 조선의 최단기 8개월 왕 **인종** ···················· 058
13. 호랑이 엄마 그늘 아래 힘없는 **명종** ···················· 062
14. 백성을 버리고 도망간 **선조** ···················· 066

2장 조선 중기

1. 외교의 달인 **광해군** ···················· 072
2. 오랑캐에 무릎 꿇은 **인조** ···················· 076
3. 청나라를 무찌르고 싶었던 **효종** ···················· 080
4. 장례 예절 논쟁에 휘말린 **현종** ···················· 084
5. 환권으로 왕권을 강화한 **숙종** ···················· 088
6. 왕의 자리를 힘겹게 지킨 **경종** ···················· 092
7. 탕탕평평! 백성 먼저 생각한 **영조** ···················· 096
8. 조선 문화의 황금기를 연 **정조** ···················· 100

3장 조선 후기
1. 세도 정치 아래 무력했던 **순조** ………………………………… 106
2. 무늬만 왕이었던 **헌종** ………………………………………… 110
3. 꼭두각시였던 평민 왕 **철종** …………………………………… 114

4장 개항기
1. 대한제국의 황제 **고종** ………………………………………… 120
2. 나라를 빼앗긴 **순종** …………………………………………… 124

5장 왕실 이야기
1. 왕을 사랑했던, 사랑받고 싶었던 **왕비** ……………………… 130
2. 조선 시대 금수저 **왕세자** ……………………………………… 134
3. 왕을 보좌한 국무총리 **영의정** ………………………………… 138
4. 궁궐의 살림꾼 **궁녀** …………………………………………… 142
5. 조선 왕실의 보물 **의궤** ………………………………………… 146
6. 이름으로 왕을 평가하는 **묘호** ………………………………… 150
7. 왕도 보지 못한 내밀한 기록 **실록** …………………………… 154
8. 왕이 입는 옷 **곤룡포** …………………………………………… 158
9. 왕의 공부 **경연** ………………………………………………… 162
10. 조선의 선대 왕을 모신 **종묘** ………………………………… 166
11. 왕실 도서관 **규장각** …………………………………………… 170
12. 역적을 처단하는 **의금부** ……………………………………… 174
13. 왕과 왕비가 생활하는 **궁** ……………………………………… 178

조선 임금의 계보

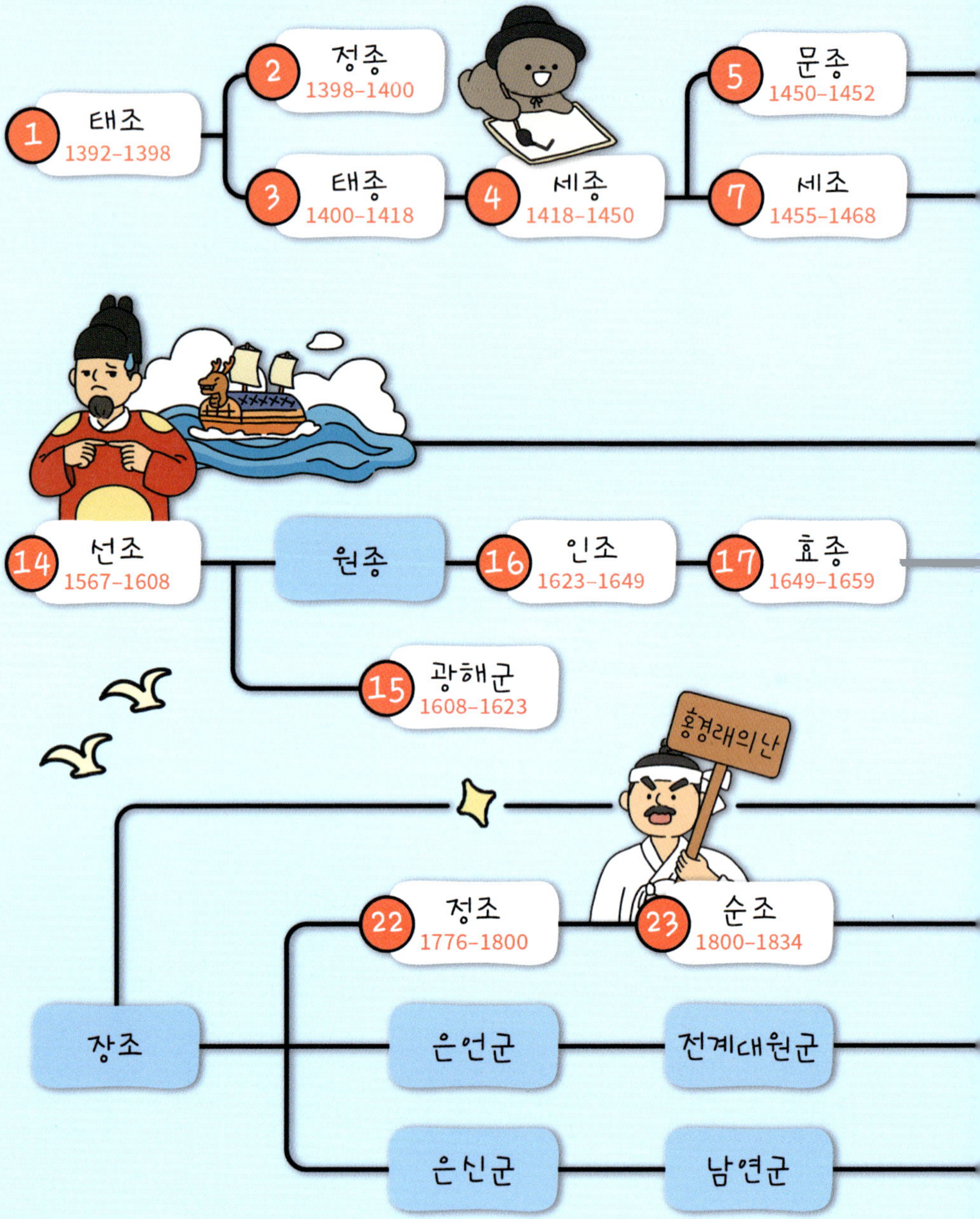

1. 태조 1392–1398
2. 정종 1398–1400
3. 태종 1400–1418
4. 세종 1418–1450
5. 문종 1450–1452
7. 세조 1455–1468

14. 선조 1567–1608
원종
15. 광해군 1608–1623
16. 인조 1623–1649
17. 효종 1649–1659

장조
22. 정조 1776–1800
23. 순조 1800–1834
은언군
전계대원군
은신군
남연군

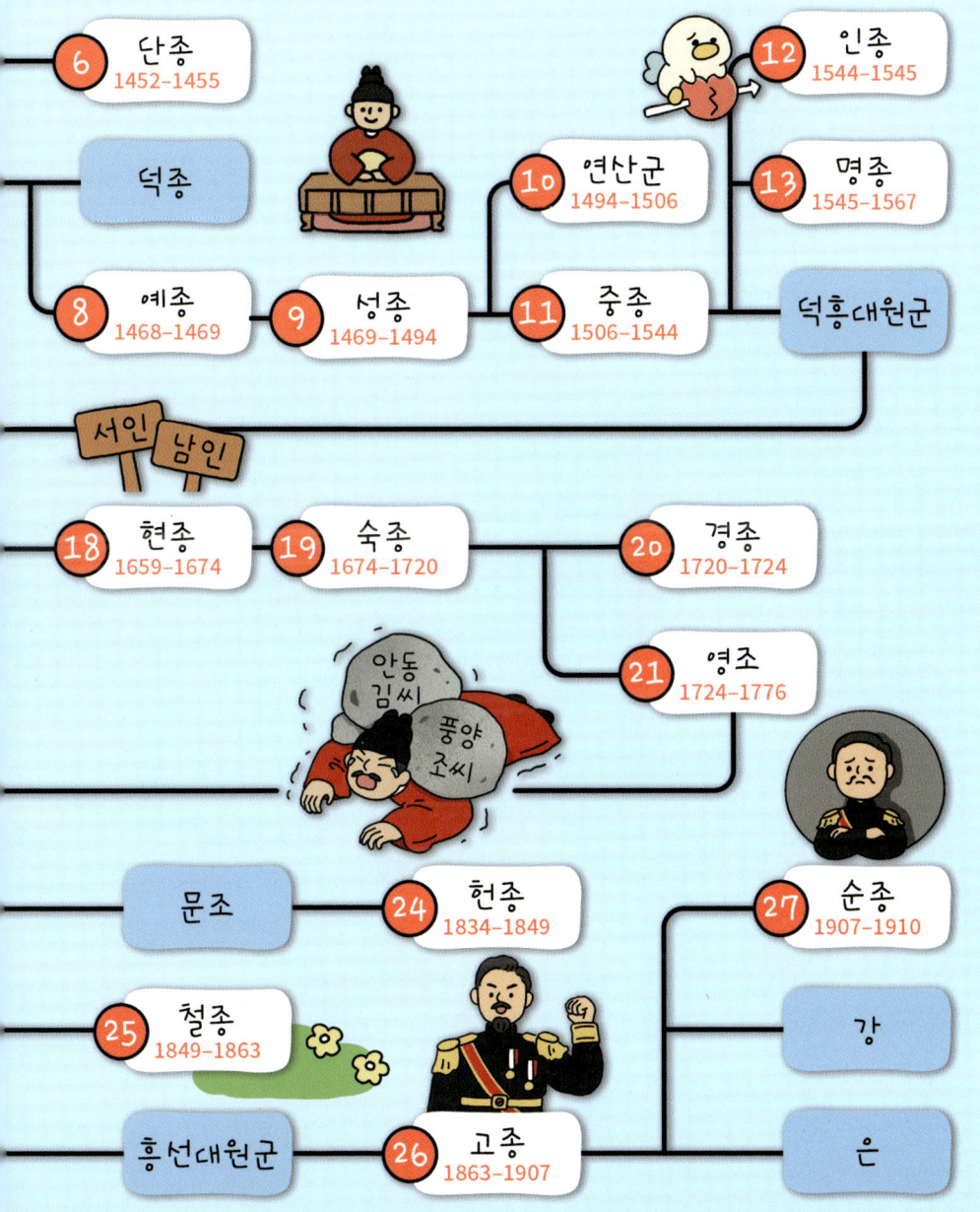

1장 조선 전기

조선 전기 ①

새 나라를 세운 ㅌ ㅈ
(재위 기간 1392년~1398년)

① 타조　　② 태종　　③ 태조

임금님 한 줄 평

조선 건국의 아버지, 수도를 개성에서 한양으로 옮기는 등의 업적을 이뤘지만
왕자의 난으로 인한 자식들의 죽음 앞에서 건강을 잃고 국정 운영에 한계를 느꼈다.

새로운 세상을 향해 진격!

'군사들과 강을 건너 질 게 뻔한 싸움을 할 것인가? 아니면 말머리를 돌려 새로운 세상을 꿈꿀 것인가?'

고려 말 우왕이 명한 요동 정벌 명령을 받고 이성계는 요동이 코앞에 보이는 위화도(중국 서점자 지역)에서 깊은 고뇌에 빠집니다. 끝까지 요동 정벌을 반대했던 이성계는 결국 군사를 돌려 개경으로 진격한 후 권력을 차지하게 됩니다. 이 사건이 바로 1388년 이성계의 '위화도 회군'이죠.

그 당시 고려의 상황은 어땠을까요? 고려 말 관리들은 옳지 못한 방법으로 엄청난 부를 누리고 떵떵거리며 사는 반면, 백성은 굶어 죽는 일이 태반일 정도로 타락하고 암울한 시기였어요. 이때 홍건적과 왜구를 물리치며 전쟁의 영웅으로 떠올랐던 무관 출신이 있었으니, 그가 바로 이성계입니다.

"고려는 이미 끝났어! 새 나라를 세우자!" 이성계는 새 세상을 꿈꾸던 사람들(신진 사대부)과 큰 결심을 하지만 그 과정이 쉽지 않았죠. 고려를 개혁해야 한다는 뜻은 같이 했지만, 조선을 건국하는 것은 끝까지 반대했던 정몽주 때문이었어요. 이성계는 정몽주가 자신의 뜻에 힘을 보태주길 바랐지만 끝내 정몽주는 이성계의 다섯 번째 아들 이방원에게 죽임을 당합니다. 그리하여 1392년 이성계는 조선이라는 나라를 세우게 됩니다. 이렇게 500년 역사를 자랑하는 위대한 나라 조선이 시작된 것입니다.

새롭게 이씨 왕조를 연 이성계는 수도를 개경에서 한양(지금의 서울)으로 옮겼어요. 한양은 산으로 둘러싸여 있어서 적의 침입을 막기에 좋고, 육로와 수로를 통해 전국 어디든 쉽게 접근할 수 있어 지리적으로 매우 좋은 위치였죠. 이러한 수도 한양은 이성계의 든든한 신하 정도전을 중심으로 유교의 가르침이 잘 드러나는 공간으로 철저히 설계됩니다. 조선을 건국하는 데 일등 공신이었던 정도전은 유학을 공부하는 성리학자 출신으로 인(仁), 의(義), 예(禮), 지(智), 신(信)의 다섯 가지 유교적 덕목을 바탕으로 사대문을 세우고 조선 왕조의 중심, 경복궁의 이름을 직접 짓기도 했어요. 태조 이성계는 새 수도 한양을 발판으로 관리들의 부정부패를 막기 위해 대대적인 토지 개혁인 과전법을 실시하고 군사력을 강화합니다.

하지만 좋은 일만 있었던 것은 아니에요. 왕위를 물려주는 과정에서 불만을 가진 다섯째 아들 이방원이 형제들과 신하 정도전을 죽였습니다. 이에 피로 물든 왕위 계승을 지켜볼 수밖에 없던 이성계는 실망감에 궁을 떠나 노년을 보냈답니다.

조선 전기 ②

평화주의자 ㅈㅈ
(재위 기간 1398년~1400년)

① 자조　　② 정조　　③ 정종

임금님 한 줄 평

태종 이방원이 아버지 태조의 권력을 빼앗고 바로 왕이 되면 백성과 신하들에게 비난받을 것 같아 잠시 친형을 왕으로 있게 했다. 왕위에 오른 지 2년 만에 태종에게 양위했다.

나는야 허수아비 왕

"동생 이방원에게 등 떠밀려 왕이 되었지만, 하루도 마음 편할 날이 없구나." 정종은 왜 이렇게 불안해했을까요? 바로 왕 자리에 욕심이 많았던 동생 이방원 때문입니다. 정종은 왕좌를 차지하기 위한 형제들의 싸움 때문에 늘 평안하지 못했죠. 그 이야기를 들어볼까요?

정종의 아버지 태조 이성계에게는 여덟 명의 아들이 있었는데 둘째 아들이 지금의 정종, 다섯 번째 아들이 이방원이죠. 태조는 유교의 가르침에 따라 장남에게 왕위를 물려주려 했으나 태조의 큰아들은 왕위에는 도통 관심이 없었고 게다가 일찍 세상을 떠나고 말았습니다. 그러자 태조는 다 큰 왕자들을 제쳐 두고 아꼈던 둘째 부인의 아들인 열 살짜리 막내를 세자로 삼았죠.

"누가 봐도 내가 왕이 될 자격이 있는데! 두고 보자." 이에 불만을 품은 이방원은 군사들을 이끌고 정도전을 비롯한 신하들과 자신의 형제인 이복동생 이방번, 세자 이방석을 모두 죽입니다. 이것이 바로 1차 왕자의 난입니다. 이후 이방원은 둘째 형인 이방과를 세자로 세웠죠. 그가 바로 조선의 두 번째 임금, 정종입니다. 이방원은 형제들을 죽이고 직접 왕위에 오르게 되면 백성들과 신하로에게 왕으로 인정받지 못할까 봐 형을 왕위에 세운 것이죠.

정종은 이방원 때문에 억지로 왕이 된 약한 왕이라 생각할 수 있지만, 사실 이성계의 아들답게 무예가 뛰어나 고려 말 아버지와 함께 왜적을 물리치는 등 전쟁에서 활약한 인물이었죠. 용감한 무인의 성품을 지녔지만, 왕이 된 정종은 평화적인 방법을 선택합니다. 정종은 왕으로 있는 내내 정치에는 관심이 없는 듯 주로 사냥을 하거나 격구라는 공놀이를 즐기는 모습을 보여주는데요. "동생 방원아, 이것 봐라, 난 왕 자리에 욕심이 없단다." 이렇게 정종은 비록 자신이 왕의 자리에 있지만 실상은 왕이 아니라는 걸 너무 잘 알았기에 스스로 몸을 낮추었던 거지요.

정종은 이방원의 뜻에 따라 움직이는 허수아비 왕이었지만 왕의 힘을 키우는 정책을 펼치기도 하고, 억울하게 노비가 된 사람들의 신분을 되찾아 주기도 했습니다. 그런데 또 한 번 왕위를 둘러싼 형제 간의 다툼이 발생합니다. 이방원의 동생인 이방간이 왕의 자리를 탐내며 2차 왕자의 난을 일으킨 것이죠. 이방원이 이방간을 죽이려 하자 정종은 형제를 죽이지 말라며 방원을 설득하고 왕위를 물려주었죠. 그 후 정종은 유유자적한 삶을 살며 63세로 천수를 누리고 세상을 떠났습니다.

조선 전기 ③
최고의 카리스마 ㅌ ㅈ
(재위 기간 1400년~1418년)

① 태종　② 타종　③ 태조

임금님 한 줄 평

권력을 위해 동생 방번과 방석을 죽음으로 몰고 갈 정도로 잔인하고 치밀하지만, 정치와 국가 관리는 정말 잘했다!

제 3대 왕 태종

내 평생의 소원은 왕의 힘을 강력하게 하는 것!

여러분! 조선시대에도 주민등록증이 있었다는 사실을 알고 있나요? 물론 지금처럼 사진으로 얼굴까지 확인할 순 없지만 이름, 출생 연도, 사는 곳 등이 적혀 있어 개인의 신분증과 같은 역할을 했던 호패가 있었습니다. 호패는 태종이 국가 운영에 필요한 세금을 내고 나라를 지키는 의무를 지는 사람들이 누구인지 파악하고자 만든 것인데요. 그러면 세금을 안정적으로 걷을 수 있고, 국방력을 강화할 수 있기 때문이죠.

조선의 3대 임금 태종은 신하들과 형제들을 죽이고 왕위에 오른 잔인한 왕이지만 이처럼 튼튼한 조선을 만들기 위해 많은 업적을 남겼는데요. 특히, 태종은 강력한 왕권을 가지기 위해 한평생을 바친 임금이라 할 수 있습니다. 지금부터 태종의 반전 매력을 알아볼까요?

첫째, 태종은 항상 왕이 신하들보다 더 강한 힘을 가져야 한다고 생각했어요. 그래서 실시한 것이 6조 직계제입니다. 당시 조선의 중앙 정치 기구는 의정부와 6조로 구성되어 있었죠. 의정부는 오늘날의 국무총리, 6조(이조·호조·예조·병조·형조·공조)는 오늘날 행정부의 각 장관직(교육부·행정부·국방부 등)에 해당한다고 할 수 있어요. 6조 직계제란 왕-의정부-6조의 관계에서 왕이 의정부를 거치지 않고, 직접 6조에 명령을 내리고 보고를 받는 것이에요. 즉, 6조 직계제의 시행으로 신하들의 의견이 반영되는 의정부의 역할은 축소되고 나랏일을 돌보는 왕의 힘이 강해지게 된 거죠. 둘째, 태종은 개인의 호위 부대인 사병을 두는 것을 금지합니다. 왕이 되기 전 이방원은 자신의 개인 병력으로 1차 왕자의 난을 벌이고, 뒤이어 2차 왕자의 난도 진압할 수 있었는데요. 하지만 왕위에 오른 후 태종은 사병이 곧 반란을 일으킬 수 있는 위협적인 무기가 될 수 있다고 하여 사병 제도를 없앱니다. 셋째, 태종은 각 지역에 왕의 명령이 잘 전달될 수 있도록 전국을 8도로 나누어 관리했지요. 경기도, 전라도, 충청도, 경상도 등 지금도 사용하고 있는 각 도의 명칭이 태종 때 만들어진 것이라니 놀랍지 않나요?

하지만 천하의 태종에게도 고민거리가 있었으니, 바로 왕위에 관심이 없는 첫째 아들 양녕대군입니다. 형제들을 죽이고 왕이 된 것을 약점으로 생각했던 태종은 보란 듯이 첫째 아들에게 왕위를 물려주려 했지만 결국은 총명하고 학문을 좋아하는 셋째 충녕대군(세종)이 왕위에 오르게 됩니다. 태종은 양손에 피를 묻히며 왕위에 올랐지만, 나라의 기틀을 세운 결단력 있고 카리스마 넘치는 똑똑한 임금이었다고 할 수 있겠죠?

조선 전기 ④

뼛속까지 백성을 사랑한 ㅅ ㅈ

(재위 기간 1418년~1450년)

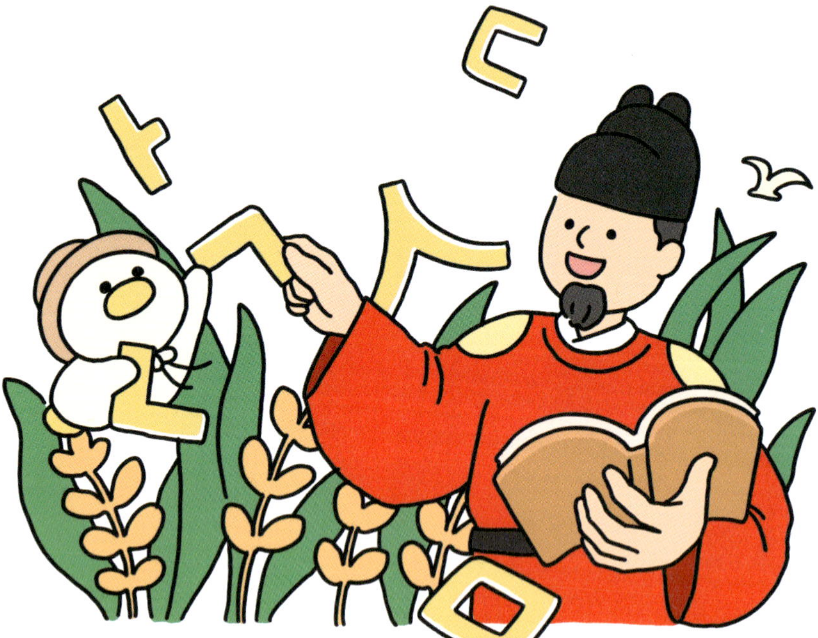

① 사주　　② 세조　　③ 세종

임금님 한 줄 평

조선 시대 최고의 천재 왕. 업적이 너무 많아 외우기 어려울 정도다. 훈민정음 창제뿐 아니라 정치, 사회, 경제. 문화, 과학, 음악까지 전 분야를 발전시켜 조선의 황금시대를 열었다. 측우기, 해시계, 물시계, 4군 6진도 기억하자.

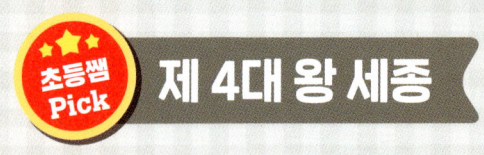

존경받는 최고의 군주

　태종 이방원의 셋째 아들, 우리에게는 세종보다 '세종대왕'으로 잘 알려져 있죠? 대왕이라는 칭호가 더없이 잘 어울린 왕, 조선의 4대 임금인 세종이 이처럼 존경받는 이유는 무엇일까요? 한글을 창제해서? 수많은 업적 때문에? 여러 가지 이유가 있겠지만 가장 큰 이유는 백성에 대한 사랑 때문입니다.

　세종의 모든 업적은 백성을 사랑하는 마음에서 비롯된 것이지요. 그 첫 번째가 백성의 의견에 귀기울이는 것입니다. 세종은 백성의 상황을 고려하여 토지에서 고정된 세금을 낼 수 있도록 공법이라는 새로운 법을 만들었습니다. 그런데 공법을 정할 때 무조건 왕의 명령이니 따르라고 하지 않고, 조선 최초로 여론 조사를 실시합니다. 일일이 사람을 시켜 백성들에게 찬성인지 반대인지 그 의견을 묻도록 했죠. 실제로 백성들에게 도움이 되는 정책을 만들려 한 세종의 마음이 느껴지시나요?

　그리고 세종의 백성을 향한 사랑은 신분을 초월했습니다. 조선 시대는 철저한 신분제 사회로 주어진 신분에 맞게 죽을 때까지 살아야 했죠. 세종은 당시 최소한의 인간 대접도 받지 못했던 노비에게 100일의 출산 휴가를 주는 제도를 시행하게 됩니다. 당시 국가에 속한 관노비의 출산 휴가는 7일 정도였다고 하니, 세종은 참으로 사회적 약자의 편에 선 자애로운 군주라 할 수 있겠죠?

이제 세종의 가장 큰 업적을 이야기해 볼까요? 모두가 잘 알고 있는 한글을 창제한 것입니다. 그전까지는 중국의 한자를 빌려 써서 대다수의 백성은 글을 몰랐고 그로 인해 어리석은 죄를 저지르는 일도 많았죠. 그래서 세종은 백성들이 책을 읽고, 이치를 깨달아 올바르게 살길 바라는 마음으로 한글을 창제합니다.

이처럼 세종은 백성들이 어떻게 하면 좀 더 편하고 행복하게 살 수 있을지 늘 고민했죠. 신하들도 세종의 정책을 실현하기 위해 밤낮으로 업무에 매달렸어요. 특히, 세종은 업무가 과다하다며 일을 그만두려 하는 신하들의 사직을 절대 수락하지 않은 걸로도 유명하답니다.

그 밖에도 집현전을 세워 학자들이 연구에 몰두할 수 있도록 하고, 백성들을 위해 농사짓는 방법을 담은 <농사직설>을 만들며, 과학 기술과 음악을 발전시키는 데에도 힘을 쏟았습니다. 그러다 보니 시력을 잃고 병이 나기도 했죠. 하지만 세종 시대에 살았던 백성들은 성군을 만나 너무도 행복하지 않았을까요?

조선 전기 5
오랫동안 세종을 보필한 ㅁ ㅈ
(재위 기간 1450년~1452년)

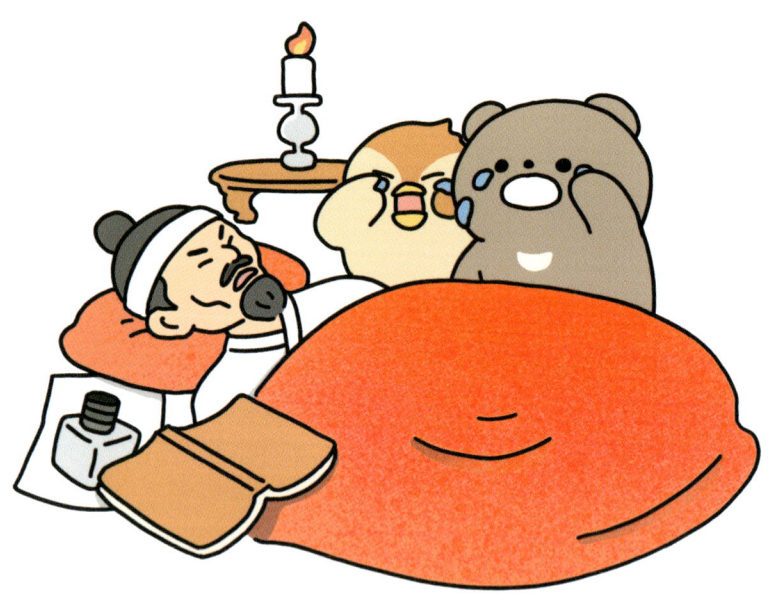

① 문종　　② 문조　　③ 명종

임금님 한 줄 평

조선 역사에 별 비중은 없지만, 성품이 온화하고 학문을 사랑했다. 하지만 건강이 좋지 않아 재위 기간 특별한 업적을 이루진 못했다.

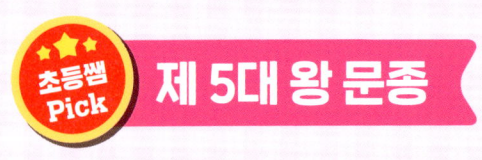

제 5대 왕 문종

난 뼛속까지 준비된 임금이야!

　여러분은 측우기를 발명한 사람을 알고 계시나요? 오늘날 많은 사람은 측우기가 장영실의 발명품이라고 알고 있지만 세종의 첫째 아들인 이향(지금의 문종)의 작품이라고 실록에 명확히 기록되어 있습니다. 당시 우리나라는 비가 일정하게 내리지 않기 때문에 백성들이 농사를 지을 때 매우 불편했죠. 이에 문종은 일정 기간 구리 통에 빗물을 모아 그 양을 측정하는 기구인 측우기를 만듭니다. 과학 기술에 관심이 많았던 문종 덕에 조선은 전국적으로 빗물의 양을 측정하여 가뭄과 홍수에 대비할 수 있었죠. 이처럼 문종은 아버지 세종처럼 책 읽는 것을 좋아하고 온화한 성품에 백성을 사랑하는 마음마저 꼭 닮은 아들이었죠.

　문종은 일곱 살의 어린 나이에 후계자 수업을 받기 시작하여 무려 30년 동안이나 왕세자로 세종을 보필하였습니다. 노년에 세종이 병환으로 나랏일을 돌보는 게 힘들어졌을 때 세종을 대신하여 8년 동안 왕의 일을 했었죠. 그래서 문종이 남긴 굵직한 업적들은 대부분 세종과 함께 왕세자로 있을 때랍니다. 문종은 과학기술뿐만 아니라 전쟁에 대한 책을 쓸 정도로 군사 영역에도 관심이 높

앉죠. 혹시 '신기전'이라는 무기를 들어 보셨나요? 신기전은 화살 로켓으로, 고려 말 최무선이 제작한 것을 세종 때 발전시켜 완성한 것이죠. '문종 화차'라고도 부르는 신기전은 화약을 사용해 많은 화살을 한꺼번에 먼 곳으로 보낼 수 있는 무기로 주로 국경의 방어를 위해 사용하였습니다. 이순신이 활약했던 시대에도 신기전은 적의 전함을 불태우는 목적으로 꾸준히 사용될 정도로 전술적으로 유용한 무기였죠.

긴 세자 생활을 보낸 준비된 임금, 문종은 세종이 승하한 후 조선의 제 5대 임금이 됩니다. 하지만 몸이 약했던 문종은 불과 2년 정도밖에 왕으로 있지 못했습니다. 세자 시절부터 몸 곳곳에 난 종기로 괴로워했던 문종은 세종의 삼년상을 치르면서 건강이 악화되었기 때문이죠. 병상에 누운 문종은 열두 살의 어린 아들 단종만을 걱정합니다. 바로 왕의 자리를 욕심내는 문종의 형제들 때문이었죠.

"나는 더 이상 가망이 없소. 홀로 남겨진 단종을 잘 부탁하오."
결국 아버지만큼 훌륭했던 문종은 어린 아들을 신하들에게 부탁한 뒤 떠나게 됩니다. 문종이 건강하게 왕의 자리를 오래도록 지켰다면 조선은 세종의 뒤를 이어 제 2의 번성기를 누리지 않았을까요?

조선 전기 6
외로운 어린 왕 ㄷ ㅈ
(재위 기간 1452년~1455년)

① 단종　　② 대종　　③ 단조

임금님 한 줄 평

어린 나이에 왕위에 올랐으나 숙부에게 왕위를 빼앗기고 강원도 영월로 유배되어 죽음을 맞이했다. 춘원 이광수의 소설 <단종애사> 속 비운의 주인공.

제 6대 왕 단종

내 곁에는 아무도 없구나.

항상 사랑으로 보살펴 주시던 엄마와 아빠 그리고 할아버지, 할머니께서 갑자기 모두 떠나시고 열두 살의 어린아이만 홀로 남게 된다면 어떤 기분이 들까요? 자기를 지켜줄 이가 아무도 없다는 생각에 매우 외롭겠죠? 어린 나이에 왕이 된 조선의 제 6대 임금, 단종의 비극적인 삶이 그러했습니다. 보통 어린 왕이 즉위하게 되면, 왕실의 어른이 왕이 성년이 될 때까지 정치를 대신하는데요. 하지만 열두 살의 어린 소년 단종에게는 대신 통치를 해줄 확고한 왕실의 어른이 없었죠. 오직 그의 곁에는 왕을 잘 보살피라는 문종의 유언을 받았던 김종서, 황보인 등의 나이 많은 신하들이 있었습니다.

영특했지만 아직 정치에 대한 경험이 부족했던 단종은 나랏일을 할 관리들을 뽑을 때 주변 사람에게 도움을 받아야 했죠. 그때 가장 큰 역할을 했던 사람이 김종서였습니다. 김종서는 자신이 추천하는 사람의 명단 위에 노란색 점을 찍어 왕이 그 사람을 선택할 수 있도록 했습니다. 당시 김종서는 왕의 자리를 욕심내던 단종의 숙부 수양대군을 견제하기 위해 자신과 뜻을 같이하는 사람들을 관리들로 뽑고자 했죠. 하지만 관리를 뽑는 데 특정 사람이 계속 영향력을 미친다면 그건 공정하지 못한 방법이겠죠? 수양대군은 이를 탐탁지 않게 여겼습니다.

"김종서가 궁궐 내에 자기 패거리를 만들고 있구나. 가만두지 않겠어!" 어느 날, 김종서의 집에 얼굴을 가린 사람들이 떼를 지어 들이닥칩니다. 수양대군은 김종서가 역모를 꾀했다는 거짓을 꾸미며 김종서와 황보인 등을 모두 제거하고 권력을 손에 넣습니다. 어쩔 수 없이 단종은 왕의 자리를 수양대군에게 넘겨줍니다. 수양대군은 왕이 되었지만, 단종을 따르던 신하들은 그를 왕으로 인정하지 않았죠. 단종은 할아버지 세종이 아끼던 손자이자, 문종의 뒤를 이은 적장자 즉, 정실부인의 맏아들로 정통 왕위 계승자였습니다. 왕위 계승의 정통성을 중시하던 신하들은 조카를 내쫓고 권력을 잡은 수양대군을 왕으로 인정할 리 없었죠. 그래서 그들은 단종을 다시 왕으로 세우고자 계획하나 수양대군에게 들통나게 되어 실패로 끝나게 됩니다. 이 일로 단종은 강원도로 유배를 가게 되죠. 그런데도 또 다른 숙부 금성대군이 단종을 다시 왕으로 세우겠다고 계획하다 죽게 됩니다. 결국 수양대군은 단종의 존재를 위협적으로 느끼고 사약을 내리죠. 외로웠던 단종은 조선 역대 왕 중 가장 완벽한 정통성을 갖춘 국왕이었으나 가장 불운한 임금이었습니다.

조선 전기 ⑦

피도 눈물도 없는 잔혹한 군주
  (재위 기간 1455년~1468년)

① 세종　　② 세조　　③ 성종

임금님 한 줄 평

태종 이방원처럼 권력을 빼앗기 위해서 잔인한 일을 벌였지만, 정치는 비교적 잘했다는 평가를 받는다. <경국대전> 편찬을 시작했고, 국방력 강화에도 힘썼다.

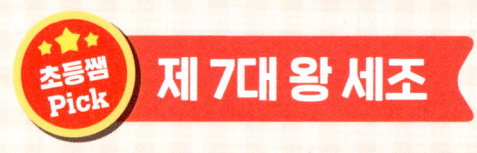

제 7대 왕 세조

조카를 죽이고 왕위에 오른 임금이라고?
사실 내가 왕이 될 상이지!

"네 이놈! 감히 네가 왕인 나를 배반하고 역모를 꾀한 것이냐!" 단종의 왕위를 빼앗고 왕이 된 수양대군 세조는 왕으로 있는 내내 여러 신하의 반란과 마주합니다. 그때마다 반란을 진압하고 왕의 자리를 빼앗기지 않기 위해 세조는 강력한 왕이 되고자 했죠. 그럼, 세조의 험난했던 왕위 찬탈 이야기를 들어볼까요?

세조는 왕이 되기 전 세종의 둘째 아들, 문종의 바로 아래 동생으로 수양대군이라 불렸습니다. 수양대군은 아버지처럼 책을 가까이했고 풍수지리나 음악에 대해서도 잘 알았으며 게다가 용맹스럽기까지 했죠. 한마디로 문무를 겸비한 왕자였습니다. 그러니 다음 왕은 자신이 되어야 한다고 생각할 만했겠죠?

하지만 수양대군은 왕위에 대한 욕심을 절대 드러내지 않았죠. 몸을 낮추어 때를 기다리고 있었습니다. 조카 단종이 왕위에 오른 지 얼마 안 되었을 때 수양대군은 단종의 측근들을 죽이기로 결단을 내립니다. 당시 단종을 보필하던 김종서와 황보인을 거짓 역모죄로 제거하면서 절대적 권력을 갖게 된 것이죠. 이를 계유년에 발생한 난이라고 하여 '계유정난'이라고 하죠. 계유정난 때 수양대군의 오른팔에는 한명회라는 인물이 있었는데 그는 수양대군을 왕으로 만드는 데 가장 중요한 역할을 한 자로 평가받죠.

한편, 왕이 된 세조는 왕권을 강화하고자 노력합니다. 6조 직계제를 기억하시나요? 왕이 명령을 6조에 직접 내리고, 보고도 직접 받는 제도로 세종 때 폐지되었던 6조 직계제를 부활시켰습니다. 그리고 학술 연구 기관이었던 집현전을 폐지합니다. 집현전 학자들이 단종을 다시 왕으로 일으키는 반란에 가담하여 자신을 공격하려 했기 때문이죠. 세조는 신하들이 모여서 자신을 비판하거나 어떤 계획을 세우지 못하도록 하는 데 집중했어요. 그래서 신하들과 학문을 토론했던 경연도 폐지하게 됩니다.

하지만 세조에게도 위대한 업적이 있습니다. 바로 <경국대전>이라는 조선의 법전을 만들기 시작한 것이죠. 당시 조선에는 여러 법전이 있었지만, 현실과는 다른 부분들이 많았죠. 더욱이 국가 체제가 안정되면서 체계적인 법전이 간절했답니다. 이에 법전을 만들기 시작한 왕이 바로 세조였습니다. 세조 때 만들기 시작한 법전이 예종을 거쳐 성종 때에 완성된 것이죠. 비록 잔혹한 왕으로 평가받기도 하지만 나라를 위해 많은 일을 했다는 것도 기억해 주세요.

조선 전기 8
강력한 왕이 되고 싶었던 ㅇ ㅈ
(재위 기간 1468년~1469년)

① 영조　　② 예종　　③ 우종

임금님 한 줄 평

국방력 강화와 문화 발전에 힘썼으나 병약하여 일찍 사망했다.

제 8대 왕 예종

아버지처럼 왕의 권한을 강하게!

"내가 죽거든 내 묘호에는 예(睿)를 사용해 주시오." 묘호는 왕이 죽은 뒤 신하들이 왕의 업적을 평가하여 결정짓는 이름입니다. 그런데 예종은 자신이 죽기 전에 이미 묘호를 스스로 정하고, 원하는 대로 묘호를 받은 유일한 왕이죠. 예종은 어떤 왕이었는지 살펴볼게요.

예종은 아버지 세조의 둘째 아들입니다. 예종은 어려서부터 건강이 좋지 않았지만 착실하게 세자 수업을 받고 세조의 건강이 나빠졌을 때는 대신들과 함께 나랏일을 처리하기도 했죠. 그런데 예종이 왕위에 올랐을 때는 신하들의 갈등으로 나라 정세가 어지러웠어요. '구공신'과 '신공신'의 잦은 권력 다툼 때문이었죠. '구공신'은 세조가 왕이 되면서부터 권력을 쥔 기존의 신하들을 말해요. 반면 '신공신'은 세조 말년에 대규모의 반란을 진압하고 성장한 젊은 신하들을 말하죠.

이들의 갈등 속에서 예종은 강력한 군주로서의 모습을 보이며 신하들의 세력을 꺾고자 했습니다. 그 모습은 아버지 세조의 묘호를 정할 때 여실히 드러나죠. 구공신은 세조의 묘호를 '신종'이라

올렸는데 예종은 구공신의 이야기를 듣지 않고 '세조'라는 묘호를 고집합니다. 사실 '조'는 나라를 세운 왕에게 올리는 이름으로 세조에게는 쓸 수 없었지만 결국 예종의 의견에 따라 세조의 묘효가 결정되죠.

또 억울하게 죽은 '남이'의 일화에서도 복잡한 신하들의 세력 다툼 속에서 왕권을 지키려는 예종의 모습을 엿볼 수 있죠. 남이는 세조 말년에 일어난 난을 진압하고 병조판서(지금의 국방부 장관)가 되어 승승장구하던 장군이었습니다. 남이는 신공신의 대표적인 인물이었는데 반대편 신하들이 남이의 세력이 커지는 것을 두려워하여 결국 '반역을 꾸몄다.'고 모함하게 됩니다. 그러자 예종은 충분한 조사 없이 이를 받아들여 남이를 처형했죠.

이처럼 예종은 격렬한 정치 싸움 속에서 아버지처럼 강력한 왕권을 만들고자 엄격한 방법으로 나라를 다스렸습니다. 하지만 안타깝게도 젊은 나이에 세상을 떠나게 되죠. 예종에게는 어릴 때부터 앓았던 피부병인 족질이 있었는데 이는 발에 세균이 침투하여 생기는 병이에요. 족질이 심각하지는 않았는데 예종이 갑작스레 죽음을 맞이하게 되어 신하들이 매우 당황했다고 실록은 기록하고 있죠. 왕으로 있던 기간이 매우 짧았던 터라 우리에게는 익숙치 않은 왕이기도 하지만, 아버지처럼 왕의 힘을 강하게 만들기 위해 매우 노력했던 왕이었습니다.

조선 전기 ⑨

조선 왕조 체제를 완성한 모범 왕
  (재위 기간 1469년~1494년)

① 세조　　② 세종　　③ 성종

임금님 한 줄 평

유교적 통치 체제를 완성하고 국가 기반을 확립하였다. <경국대전>을 완성하여 법률 체계를 완성했고, 학문 연구와 역사 기록도 담당하는 관청도 신설했다.

제 9대 왕 성종

법에 따라 통치하는 조선을 만들리라!

"비가 와도 눈이 와도 경연은 절대 빠질 수 없지! 공부를 게을리 할 순 없어!" 공붓벌레 성종은 25년 동안 하루도 빠지지 않고 경연에 참석한 왕이에요. 경연이란, 유능한 신하들과 함께 유학에 관해 공부하는 걸 말합니다. 조선의 왕도 오늘날 학교 마친 후 학원에 가고 주말에도 쉬지 않고 또 공부하는 학생처럼 공부를 많이 했지요. 조선의 제 9대 모범 왕 성종은 어떤 왕이었을까요?

　선대 왕 예종의 갑작스러운 죽음으로 조선은 다음 왕을 세우는 것이 시급해졌죠. 하지만 예종의 아들은 겨우 네 살이었고, 마땅한 왕위 계승자가 없었기에 예종의 조카였던 성종이 왕이 됩니다. 사실 성종이 왕이 된 것은 당시 권력을 잡고 있던 성종의 장인인 한명회 덕분이라고 할 수 있죠. 한명회가 든든하게 지원해 주었기 때문에 성종이 왕이 되는 것에 어떠한 반대도 없었어요. 그리하여 성종은 열세 살의 나이로 왕이 됩니다. 하지만 아직 나이가 어려서 성종의 할머니인 정희왕후가 성년이 되는 스무 살이 되기까지 7년 동안 수렴청정을 합니다. 수렴청정이란, 나이 어린 왕이 성인이 될 때까지 일정 기간 왕실의 여인이 대신 정치를 해주는 걸 말하죠.

　수렴청정이 끝나고 직접 통치를 시작한 성종은 먼저 할아버지 세조가 없앴던 경연을 부활시킵니다. 그리고 당시 권력을 쥐고 있던 신하들인 '훈구파'를 견제하기 위해 지방에서 새로운 인재를 뽑기 시작하죠. 그들을 '사림'이라고 하는데요. 사림은 지방에서 성리학을 공부하며 제자를 키우는 학자들이었습니다. 성종은 과거를 통해 사림을 대거 뽑아 자신의 곁에 두고 나랏일을 하게 합니다. 성종 때에는 세종대왕과 비슷한 업적들도 많이 있는데요. 세종 때 <정간보>라는 악보가 있다면 성종은 <악학궤범>이라는 음악 백과사전을 만들었죠.

　뭐니 뭐니 해도 성종의 대표적인 업적은 <경국대전>의 완성입니다. 조선에는 <경국대전> 이외에도 여러 법전이 있었지만, 정치 조직부터 백성들의 일상생활까지 두루두루 다루는 법전은 없었습니다. <경국대전>의 내용은 매우 자세하고 조선만의 독자적인 내용이 담겨있어요. 당시 자녀에게 재산을 상속하는 법, 집과 땅을 사고파는 것, 혼인 방법 등등이 있는데요. <경국대전>의 완성으로 조선은 모든 것이 법에 기반을 둔, 법에 따라 통치되는 국가로 성장하게 된 것입니다. 이처럼 정치와 사회가 안정되었던 성종 시절은 세종 이후 가장 평화로웠던 시기라고 평가받습니다.

조선 전기 ⑩

쫓겨난 왕, 포악한 ㅇ ㅅ ㄱ
(재위 기간 1494년~1506년)

① 영신군　② 연산군　③ 왕소군

임금님 한 줄 평

조선 시대 폭군의 대명사. 재위 기간 동안 좋은 점을 찾기 힘들다. 흥청망청이란 말을 만든 왕이다.

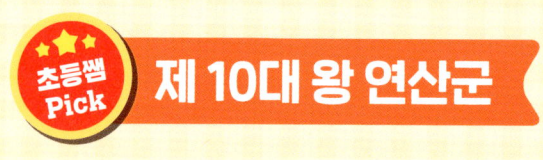

제 10대 왕 연산군

날 방해하면 모두 다 가만 안 두겠다!

여러분은 '흥청망청'이라는 말을 아시나요? 돈이나 물건을 사치스럽게 마구 사용하거나 흥에 겨워 마음껏 즐기는 것을 가리키는 말인데요. 이 말은 연산군 때문에 생겨났답니다. 술과 여자를 좋아했던 연산군은 전국에서 예쁜 여자들을 뽑아 궁궐 안에서 지내게 하고 이들을 '흥청'이라고 불렀죠. 연산군이 흥청들과 놀고 마시면서 나라가 망했다는 말에서 '흥청망청'이라는 말이 유래된 것이죠. 연산군은 왜 이렇게 사치와 향락을 즐겼을까요?

성종의 아들이었던 연산군은 왕위에 오른 후 나라를 제법 잘 다스렸습니다. 암행어사를 보내 백성들의 삶을 살피고 나쁜 관리들을 감독했지요. 또 왜적이 조선을 침입하지 못하도록 국방 강화에도 힘썼죠. 하지만 얼마 지나지 않아 연산군은 폭군으로 변해 버리는데요. 그 첫 번째 사건이 '무오사화'입니다. 성종 때 과거를 통해 조정에 큰 세력을 형성했던 사림을 기억하시나요? '사화'란 사림이 화를 입었다는 뜻으로 이 사건으로 사림파들은 대부분 벌을 받거나 조정에서 내쫓겨 유배를 가게 됩니다. 그 이유는 사관이 사림파의 대표 주자였던 김종직이 썼던 글을 실록에 실으려 했기 때문이죠. 그 글은 세조가 왕이 된 과정을 비난하는 내용으로 연산군은 이 글을 읽고 화를 참지 못합니다. "감히 우리 증조할아버지를 욕하다니! 가만두지 않겠다!" 평소 사림파를 못마땅하게 생각했던 연산군은 이미 죽은 김종직의 무덤까지 파헤쳐 시체를 토막 내는 조선 시대의 최고 형벌을 가했답니다. 연산군의 포악함은 여기서 끝이 아니었죠. 연산군은 아버지와 신하들이 자신의 어머니인 폐비 윤 씨를 모함해서 내쫓고 죽였다는 사실을 알고 나서 그 일과 관련된 모든 사람들에게 복수를 시작합니다. 이것이 두 번째 사건인 '갑자사화'입니다.

심지어 연산군은 어머니를 죽인 일에 할머니인 인수대비가 가장 큰 역할을 했다고 생각해서 할머니를 머리로 들이받기까지 합니다. 그 후로 연산군을 막을 수 있는 사람은 아무도 없었어요. 평소 왕에게 바른말을 하던 신하들을 죽이거나 유배를 보냅니다. 그리고 사냥이나 나들이를 갈 때면 방해가 된다며 궁궐 주변 백성의 집을 허물기까지 합니다. 또 경연을 없애고 성균관에서 학생들을 몰아낸 뒤 매일 사냥과 잔치에 빠져 지내죠. 결국 나라 사정은 점점 어려워졌고 신하들이 중심이 되어 연산군을 왕위에서 내쫓게 됩니다. 강화도로 유배를 가게 된 연산군은 쓸쓸히 죽음을 맞이했죠. 그렇게 연산군은 역사에 왕이 아닌 '군'으로 기록되고 맙니다.

조선 전기 ⑪

신하들의 반정으로 왕이 된 ㅈ ㅈ
(재위 기간 1506년~1544년)

① 정조　　② 중종　　③ 정종

임금님 한 줄 평

신하가 만들어준 왕위라서 그런지 왕권이 약해졌다. 기묘사화를 일으켜 신진 사림 세력을 제거하였고, 향약을 전국적으로 보급하여 지방 자치를 활성화했다.

제 11대 왕 중종

내가 변덕이 좀 심해~!

하룻밤 사이 세계 최고의 스타가 되어 있다면 얼마나 신날까요? 그런데 스타가 아닌 왕이 된다면 어떤 기분일까요? 바로 조선의 11대 임금, 중종이 신하들의 반정으로 갑자기 왕이 되었습니다. 반정이란, 올바른 상태로 돌아간다는 뜻으로 옳지 못한 임금을 내쫓고 새로운 임금을 세워 나라를 바로잡는다는 것이죠. 당시 연산군의 폭정으로 지친 신하들은 연산군의 이복동생인 중종을 왕위에 세웁니다. 왕위와 거리가 멀었던 중종은 한 번도 정식으로 왕위 수업을 받은 적이 없었어요. 더군다나 갑자기 왕이 되었기 때문에 어떻게 나라를 통치해야 한다는 계획도 없었죠. 그래서 중종은 자기를 왕으로 만들어준 신하들의 눈치를 보는 임금이 될 수밖에 없었어요. 반정에 성공한 신하들의 세력이 워낙 강하다 보니 나라를 새롭게 바꾸는 일이 쉽지 않았죠.

왕위에 오른 지 10년, 중종은 스스로 정치를 해 보고자 자신을 보필할 인물을 찾았으니 그가 바로 조광조입니다. 조광조는 뛰어난 유교적 지식으로 당당하게 문과에 급제하면서 공직 생활을 시작하게 됩니다. 강직한 성품을 가진 사림파의 대표적인 인물인 조광조는 중종과 함께 파격적인 여러 정책을 펼쳐 나가는데요. 대표적인 것이 '향약'과 '현량과'입니다. 향약은 쉽게 말하면 학교나 학급에서 지켜야 하는 자치 규범이에요. 시골 마을의 질서를 안정시키고자 백성들이 잘못을 서로 바로잡아주며, 어려운 일은 서로 돕는 등 유교적 덕목을 실천하는 것이죠. 그리고 현량과는 과거 시험 대신 추천을 통해 사람을 뽑는 것이에요. 당시 과거 시험은 수능과 같았어요. 사람의 품성과 관계없이 시험을 잘 보는 사람만이 합격해 관리를 하는 것이죠. 조광조는 시험만으로 사람을 뽑는 건 아쉽다고 생각해, 인품이 좋은 사람을 추천하여 관리로 쓰자고 했죠. 이에 조광조의 추천으로 사림파 학자들이 대부분 중앙에서 일하게 됩니다. 하지만 너무 빠른 개혁은 반발을 불러오게 됩니다. 젊은 학자 조광조의 인기가 높아지자, 중종도 슬슬 그를 견제하기 시작하는데요. 그러던 어느 날, 사림파의 반대 세력인 훈구파 신하들이 '주초위왕(走肖爲王)'이라고 쓰인 나뭇잎을 중종에게 보여줍니다. 한자를 풀이하게 되면 조 씨가 왕이 된다는 뜻이죠.

"조광조에게 벌을 내려라!" 단칼에 맘이 변한 중종과 조광조의 개혁에 불만을 가졌던 훈구파의 모함으로 조광조는 목숨을 잃게 되죠. 그 뒤 중종은 나라를 개혁하고자 하는 의지를 잃고 다시 신하들에게 이리저리 휘둘리게 된 왕으로 남게 됩니다.

조선 전기 ⑫
조선의 최단기 8개월 왕 ㅇ ㅈ
(재위 기간 1544년~1545년)

① 영조　　② 인종　　③유종

임금님 한 줄 평

31개월이라는 짧은 재위 기간 동안 학문에 전념하였으나 병약하여 죽음을 맞이하였다.

제 12대 왕 인종

효성이 너무 지극해서 일찍 세상을 떠난 왕

"신데렐라는 어려서 부모님을 잃고요~. 계모와 언니들에게 구박을 받았더래요~." 어렸을 적 한 번씩은 들어봤던 노래죠? 신데렐라처럼 계모의 눈치를 보며 지냈던 왕이 있는데요. 그가 바로 중종의 아들, 인종입니다.

인종은 중종의 둘째 부인인 장경왕후의 아들이었습니다. 하지만 어머니를 일찍 여의고 새어머니인 문정왕후의 손에서 자랐죠. 문정왕후는 아들을 낳기 전까지는 인종을 잘 보살폈지만, 아들을 낳은 후에는 자기 아들을 세자로 세우기 위해 눈에 불을 켜고 인종을 견제했습니다.

중종 때에는 차기 왕 자리를 놓고 장경왕후와 문정왕후의 두 세력이 갈등을 빚었는데요. 인종을 지지했던 장경왕후의 친정 세력을 '대윤', 문정왕후의 친정 세력을 '소윤'이라 불렀죠. 공교롭게도 장경왕후와 문정왕후 모두 파평 윤씨였기 때문이에요. 이미 후계자 교육을 10년 넘게 받은 왕세자가 있음에도 소윤파는 왕의 자리를 넘볼 만큼 욕심이 많았어요. 이들의 대립은 점점 더 심해져서 신하들이 임금에게 이를 아뢸 정도였지요.

그러던 어느 날, 중종이 세상을 떠난 후 착실하게 세자 수업을 받던 인종이 드디어 30세의 나이로 왕위에 오릅니다. 세 살 때부터 책을 줄줄이 읽어 신동 소리를 들을 정도로 총명하고 어진 성품에 효심이 깊었던 인종은 자신을 싫어하던 문정왕후에게도 효를 다했어요.

인종은 학문에 매진하고 바른 태도로 신하들의 기대를 한몸에 받았지만 아쉽게도 몸이 약했죠. 효심이 지극했던 인종은 아버지 중종의 장례를 치르면서 철저하게 금식합니다. 게다가 빡빡한 왕의 일정을 빼놓지 않고 수행하고 있었죠. 결국 인종은 체력이 약해지고 병이 나게 됩니다 "어떻게 하면 전하께서 한 수저라도 더 떠서 입에 넣으실까?" 신하들은 임금의 건강을 걱정하며 고기를 계속 권할 정도였죠. 그 와중에도 인종은 아버지 중종 때 모함을 받고 죽었던 조광조의 억울함도 풀어주고 사림에게 다시 나랏일을 할 수 있도록 벼슬을 주었습니다. 이처럼 나라의 인재를 고루 뽑기 위해 노력했지요. 하지만 안타깝게도 인종의 병은 점점 더 깊어졌고 결국 왕이 된 지 8개월 만에 병으로 세상을 떠나고 말았습니다. 인종의 죽음은 왕의 자리를 호시탐탐 노리고 있던 문정왕후에게는 천하의 기회였는데요. 결국 힘을 가진 외척들이 높은 자리를 차지하고, 왕보다 더 큰 목소리를 내며 나라를 이끌게 됩니다.

조선 전기 ⑬ 호랑이 엄마 그늘 아래 힘없는 ㅁㅈ (재위 기간 1545년~1567년)

① 맹종　　② 명종　　③ 묘종

임금님 한 줄 평

외척 간의 권력 다툼으로 혼란스러운 시기였다. 을사사화로 권신 세력을 제거했고, 임꺽정 등의 도적 떼가 출몰하였다.

후문의 왕이 문정왕후의 아이러니한 왕이다 ⓒ 음웅

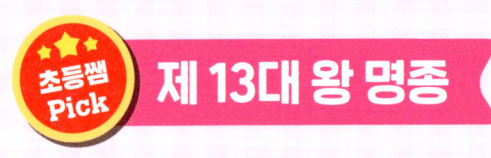

제 13대 왕 명종

주상! 제 말대로만 하세요.

 혹시 '마마보이'라는 말을 알고 있나요? 스스로 어떤 결정도 내리지 못하고 어머니에게만 의존하는 남자를 가리키는 말인데요. 어머니의 입김이 워낙 세서 마마보이로 알려진 왕이 바로 명종입니다. 명종은 왕으로 22년 동안 조선을 통치했으나 명종이라는 왕의 이름보다 그의 어머니 문정왕후가 더 잘 알려져 있죠. 명종은 왜 어머니의 말만 따랐을까요?

 명종은 중종의 셋째 부인이었던 문정왕후의 아들로 인종의 이복동생입니다. 욕심이 많았던 문정왕후는 중종 때부터 자기 아들(명종)을 왕으로 만들기 위해 인종을 지지하던 '대윤파'와 갈등을 빚었죠. 같은 윤씨라 문정왕후의 외척은 '소윤', 인종의 외척은 '대윤'이라 불렀는데요. 짧은 생을 살았던 인종의 뒤를 이어 명종이 열두 살의 어린 나이에 왕위에 올라 당시 왕실의 최고 어른인 어머니 문정왕후가 수렴청정을 하게 됩니다. 여러분이 문정왕후라면 과연 무엇부터 했을까요? "내가 이때만을 기다렸다! 대윤파부터 제거하리라!" 문정왕후와 그녀의 세력인 소윤파는 대윤파의 중심인물이었던 윤임을 역적으로 모함하여서 관련된 자들을 대거 제거하게 됩니다. 이때 외척 간의 갈등으로 수많은 사림 세력이 또 한 번 목숨을 잃게 되었죠.

문정왕후는 이제 두려울 것이 전혀 없었습니다. 심지어 유교 국가인 조선에서 대놓고 불교를 장려했습니다. 조선 팔도 각지에서 유교를 공부하는 학자들이 문정왕후의 불교 부흥 정책에 들고 일어나지만 소용없었죠. 중간에서 제일 난감한 건 누구였을까요? 왕인 명종이에요. 하지만 명종은 어머니를 이기지 못했습니다. 게다가 문정왕후의 동생인 윤원형은 누나를 믿고 온갖 나쁜 짓을 저질렀죠. 엎친 데 덮친 격으로 왜구까지 쳐들어오면서 조선은 엉망진창이 됩니다.

그럼, 백성들의 삶은 어떠했을까요? 명종 시절에는 자신의 욕심만 채우려는 관리들 때문에 백성들은 참으로 고단하고 힘들었습니다. 설상가상으로 극심한 흉년에 전염병까지 돌아 살 곳을 잃어 도적이 되곤 했죠. 그런데 이 힘든 시기 백성의 맘을 사로잡은 자가 있었으니, 그가 바로 의적 임꺽정입니다. 임꺽정은 자신을 따르는 무리를 이끌고 관청이나 양반의 집을 습격한 후 빼앗은 재물을 가난한 사람들에게 나누어 주었죠. 명종은 가까스로 임꺽정의 난을 진압했지만 그 일로 조선 사회는 큰 불안과 걱정에 빠지게 되었어요. 이처럼 매우 혼란했던 조선의 상황을 비추어 볼 때 왕이 제 역할을 하는 것이 얼마나 중요한지 알 수 있답니다.

조선 전기 ⑭

백성을 버리고 도망간 ㅅ ㅈ
(재위 기간 1545년~1567년)

① 선조　　② 세종　　③ 성종

임금님 한 줄 평

임진왜란 이순신 장군을 영웅으로 묘사할 때 대척점으로 등장하는 왕. 자기 목숨을 위해 백성과 수도 한양을 버리고 도망쳤다.

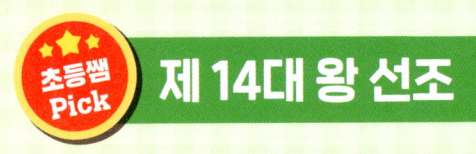
제 14대 왕 선조

내가 곧 조선이니, 나부터 도망가고 보자!

조선 최고의 프로 도망자로 평가받는 왕이 있습니다. 그가 바로 조선의 14대 임금, 선조입니다. 선조 시절 조선의 가장 큰 위기였던 임진왜란이라는 전쟁이 발발하는데요. 왜적이 침입하자 자신의 목숨만을 위해 나라와 백성을 버리고 도망간 왕이 선조입니다. 비겁하고 못난 임금으로 전해지는 선조는 어떤 왕일까요?

조선의 13대 임금인 명종에게는 아들이 없었습니다. 그래서 명종은 아버지 중종과 후궁 사이에서 낳은 이복동생 덕흥군의 막내아들 하성군에게 왕의 자리를 물려주고 세상을 떠났죠. 그렇게 선조는 조선 왕조 최초로 후궁의 자녀로 왕위에 오른 임금이 되었지요. 비록 후궁의 자녀였지만 영특했던 선조는 왕이 된 후 학문에 힘썼고, 오늘날 지폐에서 볼 수 있는 이황, 이이 등의 사림들과 나라를 다스렸죠. 선조 때는 사림의 시대가 시작되면서 붕당이 발생합니다. 사림이란, 지방에서 과거 시험을 통해 중앙으로 올라온 성리학자를 말해요. 붕당은 정치적, 학문적 입장이 다른 집단을 말하죠. 사림 세력들이 서로 학문적, 정치적 입장의 차이로 동인과 서인으로 나뉘게 되는데요. 이황을 중심으로 한 동인과 이이의 의견을 따르는 서인은 편을 갈라 싸우기 시작했죠. 이것이 바로 붕당정치의 시작입니다.

한편, 조선의 외부에서는 전쟁의 기미가 보이기 시작했어요. 당시 조선을 호시탐탐 노리던 일본은 서양과 활발한 무역을 하며 조총을 수입하게 됩니다. 그 조총으로 도요토미 히데요시라는 인물이 일본을 통일한 후 조선과 전쟁할 준비를 하고 있었죠. 하지만 조선은 건국 후 200년 동안 한 번도 전쟁을 겪은 적이 없었기에 일본의 침입에 대비하지 못했어요. 1592년 4월 13일, 일본은 부산으로 쳐들어와 조선 전체를 집어삼킬 듯이 빠르게 한양까지 올라왔습니다. 이에 선조는 한양 도성을 버리고 북쪽 의주로 도망가기에 바빴죠. 다행히 이순신이 이끄는 조선 수군의 눈부신 활약으로 일본군의 물자 보급로를 차단하며 전세를 역전시켜요. 게다가 전국 각지에서 일어난 의병과 명나라의 지원으로 7년간의 임진왜란은 조선의 승리로 끝나게 됩니다.

전쟁이 끝난 후 선조는 나라를 지킨 이순신의 공이 매우 컸음에도 이를 높이 치켜세우지 않았어요. 그리고 왜란 당시 목숨 걸고 싸운 의병들도 홀대했죠. 오히려 선조는 전쟁에서 승리한 공을 모두 명나라에 돌립니다. 힘든 전쟁 속에서 나라를 지킨 사람들을 제대로 챙기지 않은 점은 선조의 가장 아쉬운 모습으로 남게 되었어요.

2장 조선 중기

조선 중기 ①

외교의 달인 ㄱ ㅎ ㄱ
(재위 기간 1608년~1623년)

① 교환권   ② 광해군   ③ 공화국

임금님 한 줄 평

중립 외교 정책을 추진하고 궁궐 건설과 서적 편찬 등의 문화 사업을 추진하였으나 인조반정으로 왕위에서 쫓겨났다.

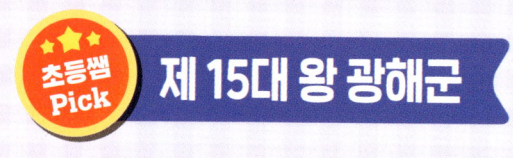

제 15대 왕 광해군

청나라냐, 명나라냐. 그것이 문제로다!

여러분! 고래 싸움에 새우 등 터진다는 속담을 아시나요? 두 친구가 싸우는데 누구의 편을 들 수 없어서 조마조마했던 상황 같은 거요. 그런데 누구의 편을 선택하느냐에 따라 한 나라의 운명이 달라진다면 어떻게 해야 할까요? 조선의 15대 왕, 광해군이 그 해답을 알려드립니다.

먼저 광해군이 왕위에 오르게 된 과정부터 살펴볼까요? 조선의 가장 큰 위기였던 임진왜란, 기억하시죠? 당시 선조는 후궁의 아들인 광해군을 후계자로 세울 마음이 없었지만, 전쟁 중 의주로 피난을 가면서 광해군을 왕세자로 정하게 되죠. 광해군은 전쟁 중 병사들을 독려하고 백성들의 마음을 다독이며 왕의 자질을 키워가고 있었어요. 그런데 선조가 뒤늦게 맞이한 새 왕비의 아들인 영창대군이 태어나면서 광해군은 왕의 후계자 자리를 빼앗길 위험에 처하게 됩니다. 하지만 영창대군이 세 살 되던 해에 선조가 세상을 떠나면서 결국 광해군이 왕위에 오르게 됩니다. 왕이 된 광해군은 전쟁으로 망가진 나라를 회복하고자 세금 제도를 바꾸고 궁궐을 새로 지으며 노력했어요. 한편, 나라 밖은 심상치 않은 변화가 일어나기 시작했어요. 북방의 여진족이 세운 나라 후금이 명나라를 공격했죠. 그러자 명나라는 조선에 군대를 보내달라고 압박하기 시작했어요. 조선의 입장은 참 난감했어요. '임진왜란 때 우리를 도와줬던 명나라를 모른 척할 수는 없다. 하지만 명나라를 도와주면 후금이 조선을 괘씸하게 생각하겠지. 그럼 또다시 전쟁이 일어날 것이야.'

광해군은 명나라에 지원을 보내기로 결심하고 강홍립 장군을 조용히 부릅니다. 그리고 아마 이렇게 이야기하지 않았을까요? "난 누구의 편도 들지 않을 테다. 그러니 우리 군대는 명나라를 도와 후금과 싸우는 척하다가 바로 항복해라!" 실록에는 광해군이 이런 말을 실제로 했는지 확실하게 나오지 않아요. 다만, 강홍립이 후금에 항복한 소식을 듣고도 화를 내지 않았다고 하죠. 이러한 선택을 중립 외교라고 합니다. 강대국 어느 편도 들지 않으면서 두 나라의 미움을 받지 않는 아슬아슬한 외교 전략이었죠.

이처럼 광해군은 전쟁에 휘말리지 않았지만, 명과의 의리를 중시하는 신하들의 반대 세력에 부딪히게 됩니다. 게다가 왕위를 위협하는 존재인 이복동생 영창대군을 죽이면서 끝내 신하들에게 쫓겨나게 됩니다. 광해군은 백성을 사랑한 전쟁터의 영웅이자 역사상 최고의 외교 전문가였지만 결국 외로운 정치를 했던 비운의 군주가 되었어요.

조선 중기 ②
오랑캐에 무릎 꿇은 ㅇ ㅈ
(재위 기간 1623년~1649년)

① 예종　　② 인조　　③ 영조

임금님 한 줄 평

정묘호란과 병자호란을 겪는 등 힘든 시기였다. 남한산성을 수축하고 강화도에 방어 시설을 구축하여 외세에 대비했다.

제 16대 왕 인조

나의 잘못된 선택으로 이 지경까지 이르다니!

남한산성에 가본 적 있나요? 경기도에 있는 남한산성은 전쟁에 대비하여 지은 성으로 바깥쪽이 높고 험해서 외부의 공격이 쉽지 않아 전쟁 때 왕의 피난처로 사용되는 무적의 요새이지요. 그런데 이곳에서 스스로 나와 오랑캐에게 무릎을 꿇고 항복한 왕이 있습니다. 제 16대 왕, 인조는 왜 이런 선택을 했을까요? 인조는 광해군의 조카였어요. 왕위에 불안감을 느끼고 있던 광해군은 이복동생 영창대군뿐만 아니라 후궁의 자녀들도 제거하고자 했죠. 이에 동생을 잃은 인조는 광해군에게 반대하던 신하들과 뜻을 모아 광해군을 몰아내고 왕위에 오르게 됩니다.

왕위에 오른 인조는 광해군의 중립 외교를 비난하며 후금을 배척하고 명나라와 친하게 지내고자 합니다. "임진왜란 때 우리를 도와준 명나라를 배신하다니, 그게 사람이 할 짓인가?" 당시 명나라는 쓰러져가는 나라였고, 후금은 강대국으로 떠오르는 나라였지만 인조는 명나라와의 의리만을 중시했죠.

이에 후금은 세력을 키워 조선에 쳐들어왔죠. 당시 인조는 한양을 버리고 강화도로 떠납니다. 임진왜란 때 선조가 한양을 버리고 북쪽으로 피란갔던 장면이 떠오르지 않나요? 하지만 명나라와도 대치 중이었던 후금은 조선을 더 이상 공격하지 않고 형제의 나라로 지내자며 전쟁을 끝냈죠. 이것이 1627년에 발발한 후금의 첫 번째 침략 정묘호란입니다.

그 후 후금은 더욱더 힘을 키워 청이라는 제국이 됩니다. 청은 조선에 형제가 아닌 신하의 나라가 되라고 압박했죠. 인조가 이를 거절하자 청은 병자년 1636년에 조선을 공격합니다. 이것이 병자호란입니다. 예상보다 빠르게 공격당한 인조는 강화도로 도망가지 못하고 남한산성으로 몸을 피하게 됩니다. 청나라의 군대는 남한산성을 포위하고 내부의 식량이 떨어져 나가기만을 기다립니다.

40일 만에 식량이 바닥난 인조는 끝내 청나라 황제에게 항복하게 되죠. 한강 물이 꽁꽁 언 매서운 한겨울에 인조는 세자와 함께 남한산성의 서문으로 나가 한강의 삼전 나루터로 향합니다. 그곳에서 제단을 쌓고 올라가 있는 청나라의 황제에게 무릎을 꿇고 신하의 예를 갖추어 절을 하게 됩니다. 이것이 바로 삼전도의 굴욕입니다. 그뿐만 아니라 인조의 아들인 소현세자와 봉림대군, 그리고 대신들과 백성들이 청나라로 끌려갔죠. 이처럼 인조의 잘못된 상황 판단과 선택으로 조선은 결국 두 번의 호란을 겪어야 했습니다.

조선 중기 ③
청나라를 무찌르고 싶었던 ㅎ ㅈ
(재위 기간 1649년~1659년)

① 현종　　② 혜종　　③ 효종

임금님 한 줄 평

북벌 계획을 추진했으나 실현하지는 못했다. 나선정벌을 통해 청나라와 군사적 갈등을 해소하였고, 대동법을 확대 실시해 백성의 세금 부담을 덜어주었다.

제17대 왕 효종

내 삶의 이유는 북벌! 기필코 청을 무찌르겠다!

<라이언 킹>이라는 영화를 보신 적 있나요? 주인공인 어린 심바는 어린 시절 아버지 무파사가 죽은 뒤 고향을 떠나 도망치지만, 결국 돌아와서 자신의 왕국을 위기에서 구하고, 왕으로서 책임을 다하는 캐릭터인데요. 효종도 병자호란 이후 조선이 겪은 어려움을 극복하고, 국가를 다시 튼튼하게 만들기 위해 노력한 점에서 심바와 비슷한 면이 있습니다. 잃어버린 명예와 자존심을 회복하고, 국가를 재건하려는 의지가 강했던 효종은 어떤 왕일까요?

효종은 인조의 둘째 아들로 청나라와의 관계를 개선하고 국방력을 강화하는 데 중점을 두었습니다. 병자호란 이후, 효종은 형인 소현세자와 함께 청나라에 인질로 잡혀가 8년 동안 살다가 청에 대한 타오르는 복수심을 안고 귀국하지요. "내가 당한 이 굴욕을 꼭 갚아주겠어." 효종은 왕이 된 후 '북벌'이라는 계획을 세웠는데 이것은 북쪽에 있는 청나라와 다시 싸워 이전의 명예를 되찾겠다는 뜻이죠. 왕이 된 후 효종은 전쟁으로 피폐해진 나라 살림을 일으키고, 백성의 생활 안정에 힘썼습니다. 그리고 아버지 인조의 뜻을 따라 청나라를 무찌르기 위해 군대를 키우고 군사

훈련을 강화했습니다. 하지만, 효종의 북벌 운동은 전쟁에 지친 백성들과 신하들에게 지지를 얻지 못했어요. 게다가 청나라가 러시아와의 전쟁이 일어나자, 청나라의 요구로 러시아 정벌까지 가게 되었죠. 청나라를 공격하려고 애써 키운 조선 군대는 오히려 청을 도와 러시아를 정벌하게 되었답니다. 결국 효종의 북벌은 여러 사정으로, 결국 꿈으로 끝날 수밖에 없었습니다.

　한편, 조선 후기의 세계는 이전과는 많이 달라졌어요. 신대륙의 새로운 문물이 서양을 거쳐 동양으로 전해지고 있었죠. 하지만 조선은 중국, 일본과만 교류하였을 뿐, 서양과는 교류하지 않았는데, 조선에 서양인이 들어오는 사건이 발생합니다. 네덜란드 상인이 일본으로 가던 중 태풍으로 제주도에 표류하게 된 것이죠. 네덜란드인 벨테브레이는 조선에 대포 만드는 법을 알려주었고, 조선 땅에 살게 되죠. 이후 하멜이라는 네덜란드 상인이 또 제주도에 표류하게 되는데 하멜은 천신만고 끝에 고향으로 다시 돌아가 조선을 알리는 <하멜 표류기>라는 책을 쓰게 됩니다. 이 책에는 조선의 지리, 정치, 군사 등을 소개하고 있는데 북벌 운동에 대한 설명도 찾아볼 수 있죠. 비록 효종이 계획했던 북벌은 안타깝게도 실행되지 못했지만, 효종은 국력을 회복하고 나라를 지키기 위해 힘쓴 왕으로 평가받고 있습니다.

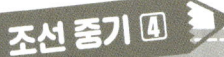

장례 예절 논쟁에 휘말린 ㅎ ㅈ
(재위 기간 1659년~1674년)

① 현종　　② 혜종　　③ 효종

임금님 한 줄 평

예송 논쟁을 겪는 등 붕당 간의 대립이 심화했다. 동인과 서인의 대립을 중재하여 정국을 안정시키려고 했다.

제 18대 왕 현종

장례라면 이제 지긋지긋해!

여러분은 장례식장에 가본 적이 있나요? 장례는 사람이 세상을 떠난 후, 그 사람을 기리고 마지막으로 작별하는 의식을 말합니다. 장례식장에서는 고인의 죽음을 슬퍼하는 사람들이 함께 모여 고인에게 마지막으로 인사하고 서로 위로하면서 시간을 보내죠. 이러한 장례 문화는 조선 시대에 왕의 가족이 돌아가셨을 때도 비슷하게 행해졌습니다. 당시 왕은 슬퍼하는 걸 보여주기 위해 특별한 옷을 입었는데, 이를 '상복'이라 해요. 그런데 고인의 죽음에 대한 슬픔이 채 가시기도 전에 신하들끼리 다툼이 일어났습니다. 조선의 제 18대 왕, 현종 때 얼마나 오랫동안 상복을 입고 슬퍼해야 하는지를 두고 오랫동안 토론이 벌어지게 된 것이죠. 이것이 바로 예송논쟁의 시작입니다. 겨우 상복을 입는 문제로 싸우다니 지금으로서는 도저히 이해할 수 없는 논쟁이지만 조선 시대에는 달랐습니다. 상복은 예를 표현하는 의식으로 매우 중요할 수밖에 없었어요. 논쟁은 현종의 아버지 효종이 세상을 떠나면서 시작되었고, 뒤이어 현종의 새할머니이자, 효종의 새어머니였던 자의대비가 효종의 장례식 때 상복을 몇 년이나 입어야 하는지를 두고 편을 나누어 대립했습니다.

"효종은 인조의 둘째 아들이므로 1년 동안 상복을 입어야 합니다"

"효종이 비록 둘째 아들이지만, 엄연히 왕이었으므로 상복을 3년 동안 입어야 합니다."

당시 현종은 세력이 컸던 신하들의 편을 들어주어 1년 동안 상복을 입자는 의견을 채택했죠. 그런데 논쟁은 거기서 끝나지 않았습니다. 이후, 효종의 어머니가 돌아가셨을 때 신하들은 또 한 번 자의대비의 상복 기간을 두고 대립합니다. 사실, 예송은 단순히 상복을 몇 년 입느냐는 예법을 따지는 문제가 아니었어요. 장남이 아닌 둘째 아들로 왕위에 올랐던 효종의 정통성을 신하들이 인정하느냐, 하지 않느냐로 대립한 문제였죠.

나라 안에서는 신하들 간의 정치적 갈등이 지속되는 가운데, 백성들은 심한 가뭄과 갑작스러운 추위 등 자연재해와 흉년으로 생활이 어려웠습니다. 현종은 이를 해결하기 위해 특산물로 바치던 세금을 쌀이나 옷감으로 대신 내는 대동법을 전국으로 확대하여 세금 부담을 덜어주었습니다. 비록 현종은 예송논쟁을 비롯한 신하들의 정치적 갈등으로 어려웠지만 그 가운데 백성들을 돌보며 정치적인 균형을 맞추려고 노력한 왕이었어요.

조선 중기 5

환국으로 왕권을 강화한 ㅅ ㅈ
(재위 기간 1674년~1720년)

① 숙종   ② 성종   ③ 세종

임금님 한 줄 평

장희빈이라는 사극 때문에 우유부단한 왕으로 그려지지만, 실제는 그렇지 않다. 화폐 유통을 촉진했고, 청나라와 국경 분쟁을 해결했다.

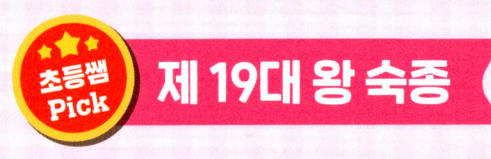

왕권 강화를 위해서라면 왕비도 바꾼다!

평균대에 올라서서 양팔을 벌리고 걸어가 본 적 있나요? 양팔을 좌우로 벌리고 한발 한발 앞으로 나아가다가 갑자기 한쪽으로 무게가 쏠리면 균형을 잃고 떨어지고 마는데요. 여기 한평생 정치적으로 균형을 잘 잡기 위해 노력한 조선의 왕이 있습니다. 바로 조선의 제 19대 왕, 숙종입니다.

숙종은 할아버지 효종부터 아버지 현종 그리고 숙종까지 3대에 걸쳐 첫째 아들이 왕위를 계승한 완벽한 조건을 갖춘 왕이었습니다. 숙종은 조선의 역대 왕 중 그 입지가 매우 단단했고, 넘치는 자신감으로 정치 고단수의 신하들을 자기 뜻대로 주무르기 시작했죠. 이 시기 신하들은 서인과 남인이라는 당파로 나뉘어 서로 힘겨루기를 하고 있었죠. 숙종은 두 세력 간의 힘의 균형을 맞추기 위해 '환국'을 선택했습니다. 환국은 주로 왕이 주도하여 정치적 상황을 바꾸는 것을 의미하는데요. 권력을 잡은 당파가 너무 힘이 세지면 그 당파를 몰아내고 다른 당파에 권력을 주며 한쪽 세력이 권력을 계속 잡지 못하게 만들었죠. 숙종 시기 총 세 번의 환국이 일어납니다.

첫 번째 환국은 남인의 핵심 인물이었던 허적이 왕의 허락도 없이 왕실의 보물인 천막을 사용하면서 시작됩니다. 분노한 숙종은 남인들이 역모를 꾀한다는 이야기가 들려오자 남인 세력을 제거하게 되죠. 두 번째 환국은 왕비까지 바꾸며 나라의 국면을 바꾸고자 한 것인데요. 당시 왕비인 인현왕후와 숙종 사이에는 오랫동안 아이가 없었어요. 그런데 아름다운 미모를 가진 궁녀 장희빈이 떡두꺼비 같은 아들을 낳은 겁니다. 기뻐하던 숙종은 남인들의 지지를 받고 있던 장희빈의 아들을 후계자로 삼겠다고 하죠. "전하 그 결정은 너무 이릅니다." 서인들이 이처럼 강하게 반대하자 숙종은 이들을 귀양 보내고 남인 세력을 다시 불러들이게 됩니다. 결국 장희빈의 아들 윤은 세자가 되고 장희빈이 왕비가 되어 남인이 다시 세력을 잡게 되죠. 시간이 흐른 뒤 숙종의 마음은 장희빈에게서 멀어지고 인현왕후를 그리워하게 됩니다. 이러한 숙종의 마음을 눈치챈 서인들이 인현왕후를 왕비의 자리로 복위시키게 되고 서인들이 정권을 다시 잡게 되는데요. 이것이 바로 세 번째 환국입니다. 결론적으로, 숙종이 왕권을 강화하려고 시작한 환국은 오히려 정치적 불안함을 가중했어요. 이러한 문제는 이후 영조와 정조 시기에도 계속 영향을 미쳤으며, 조선 후기 정치와 사회에 큰 영향을 끼쳤습니다.

조선 중기 6

왕의 자리를 힘겹게 지킨 ㄱ ㅈ
(재위 기간 1720년~1724년)

① 경종　　② 고종　　③ 광종

임금님 한 줄 평

건강이 좋지 않아 별다른 업적을 남기지 못했다.

내가 단명한 이유는 스트레스 때문이야!

자주 아프면 밥도 잘 못 먹고, 힘이 없어서 공부든 운동이든 집중해서 잘 해낼 수가 없겠죠?

조선의 제 20대 왕 경종은 어려서부터 잔병치레가 많았고, 비만한 몸집에 몸에 열과 화가 많아 병을 자주 앓았어요. 몸도 허약했지만, 경종은 불운한 왕세자 시절을 거친 왕이기도 하지요.

경종은 아버지 숙종과 어머니 장희빈 사이에서 태어난 유일한 외아들로 아버지의 사랑을 듬뿍 받고 자랍니다. 당시 아버지 숙종은 환국을 통해 신하들을 갈아엎으며 왕권을 강화했는데요. 세 번째 환국으로 경종은 자신을 지지해 주던 신하들을 잃고 어머니마저 바뀌게 되어요. 바로 친모인 장희빈이 중전에서 희빈으로 격하되고 인현왕후가 왕비로 복귀했기 때문이죠. 아버지 숙종은 결국 친모 장희빈에게 사약을 내리고, 경종은 친모가 그토록 미워하고 저주했던 인현왕후의 양자가 됩니다.

이때부터 경종의 슬픈 삶이 시작됩니다. 어머니가 사약을 받고 죽었기 때문에 경종은 죄인의 아들이 됩니다. 하지만 법적으로는 인현왕후가 어머니로 되어 있기 때문에 왕위 계승에는 큰 문제가 없었죠. 하지만 실제는 아주 달랐습니다. 경종은 왕으로 있는 기간 동안 계속해서 왕의 자리를 위협받게 되는데요. 경종을 가장 위협하는 사람은 여섯 살 터울의 이복동생 연잉군이었습니다. 연잉군은 숙종의 늦둥이로 아버지의 사랑을 받고 있었고, 권력을 잡고 있던 신하들도 그를 지지하는 상황이었죠.

"전하, 아직도 후계자가 없으니, 연잉군을 왕세제로 삼으소서"

심지어 왕이 된 지 1년밖에 안 된 경종에게 신하들은 이복동생을 후계자로 삼으라고 했어요. 경종의 입장에서는 매우 무례한 이야기였지만 힘이 없는 경종은 신하들의 등쌀에 동생에게 대신 정치를 맡기게 됩니다. 후에 다시 직접 정치를 하게 되지만 신하들의 권력 다툼으로 평소 건강이 좋지 못했던 경종은 왕이 된 지 4년 만에 세상을 떠나게 됩니다.

조선 중기 ⑦
탕탕평평! 백성 먼저 생각한
ㅇ ㅈ (재위 기간 1724년~1776년)

① 영조　　② 영종　　③ 예종

임금님 한 줄 평

탕평책을 실시하여 붕당 간의 대립을 완화했고, 균역법을 시행하여 백성의 세금 부담을 덜어주었다.

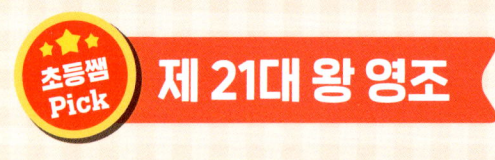
제 21대 왕 영조

인제 그만 싸우고 하나로 뭉쳐보는 건 어때?

　한국의 전통음식하면 무엇이 떠오르나요? 고소한 비빔밥, 달콤한 불고기, 매콤하면서 아삭한 김치, 그리고 다채로운 색깔을 뽐내는 탕평채도 있는데요. 탕평채는 조선 영조 때 궁중에서 즐겨 먹던 음식으로 다양한 재료를 고루 섞어 만든 요리예요. '탕평'은 서로 치우치지 않고 고르게 한다는 뜻이죠. 이 음식은 영조의 탕평책처럼 당파를 가리지 않고 조화와 균형을 이루겠다는 의미를 상징합니다. "탕평채처럼 이렇게 잘 뭉쳐서 백성을 위한 정치를 하는 게 어떻겠소?" 라는 영조의 제안이 담겨있는 음식이죠.

　조선의 제 21대 왕, 영조는 왕이 되면서부터 탕평에 대한 의지를 강하게 드러냅니다. 경종의 이복동생인 영조는 왕이 되기 전 신하들 간의 싸움이 워낙 심해서 목숨까지 위협받았었죠. 하지만 형 경종이 보호해 준 덕분에 왕의 자리에 오르게 된 거예요. 영조는 숙종과 경종 대에 있었던 일들을 돌아보며 어느 당파에도 치우치지 않고 공정하게 정치를 하겠다고 다짐한 것이죠. 그리고 이러한 의지를 드러내는 비석을 세웠으니, 바로 탕평비입니다. 영조는 모든 붕당에서 골고루 인재를 뽑기 시작했어요. 한쪽에 치우치지 않은 정치를 하겠다는 것이지요. 그럼 영조의 탕평책으로 서로를 못 잡아먹어 안달이었던 붕당이 쉽게 화해했을까요? 물론 단번에 화해가 이루어지진 않았어요. 하지만 영조의 노력 덕분에 붕당끼리 싸움은 과거에 비해 많이 줄어들었어요.

영조는 그 힘을 경제 발전과 문화 발전에 쏟아 백성들이 살기 좋은 나라를 만들기 위해 힘썼어요. 조선 시대 상민들은 평소에는 주로 농사를 짓고, 농사일이 적은 겨울에는 군사 훈련을 받다가 전쟁이 나면 군인의 역할까지 해야 했어요. 이것을 군역이라고 하죠. 대한민국의 건장한 남자 성인이라면 꼭 가야 하는 군대와 비슷해요. 그런데 오늘날의 군대 기피 현상이 조선 시대에도 있었답니다. 돈 있는 양반들은 비리를 통해 군역을 면제받고, 가난한 백성들이 그 부담을 떠안게 된 것이에요. 그래서 영조는 대대적인 개혁을 실행합니다. 원래 내던 세금의 양을 반으로 줄이고, 줄어든 세금을 메꾸기 위해 부유한 양반에게 세금을 걷어 부족한 재정을 충당했습니다. 또 모내기법을 전국에 퍼뜨려 쌀 생산량을 늘렸어요. 쌀이 늘어나니 물건을 사고파는 상업도 발달하게 되었죠.

이처럼 영조는 백성들의 어려운 살림살이를 걱정했던 어진 임금이었습니다. 또한 영조 자신도 사치를 멀리하고 검소한 생활을 하며 백성에게 좋은 본보기가 되었어요. 그리고 조선의 왕 중 최고로 장수한 왕으로도 알려져 있답니다.

조선 중기 8

조선 문화의 황금기를 연 ㅈ ㅈ
(재위 기간 1776년~1800년)

① 조조   ② 정조   ③ 중종

임금님 한 줄 평

수원화성을 건설하여 왕권 강화와 지역 균형 발전을 추구했다. 규장각을 설치하여 인재 양성과 학술 연구에 힘썼고, 장용영을 설치하여 군사력을 강화했다.

제 22대 왕 정조

나는 복수보다 바른 정치를 하겠다!

　조선의 역대 왕 중에서 어머니의 복수를 위해 폭군으로 변해버렸던 연산군을 기억하시나요? 제 22대 왕 정조도 아버지의 억울한 죽음을 직접 보았습니다. 하지만 정조는 복수보다 백성을 위한 왕이 되었는데요. 세종만큼 백성을 사랑하며 학문과 문화를 장려하고, 당파 간의 갈등을 완화하여 조선의 발전을 이끌었던 왕을 만나볼까요?

　정조는 영조의 손자이며, 사도세자의 아들입니다. 원래는 '세자'였던 아버지 사도세자가 왕이 되어야 했지만, 정치적 갈등으로 인해 비극적인 죽음을 맞이하면서, 정조는 어린 나이에 큰 슬픔을 겪게 되죠. 사도세자가 죽은 후, 영조는 어릴 때부터 영특했던 손자인 정조를 왕위 계승자로 삼았습니다. 이에 사도세자를 죽음으로 몰고 갔던 노론 신하들은 끊임없이 정조를 모함하고 비방하며 심지어 목숨까지 위협합니다. 하지만 정조는 이런 상황에서도 항상 신중하게 행동하며 자신의 능력을 키워갔어요.

　마침내 영조가 세상을 떠나면서 정조가 왕위에 올랐습니다. 그동안 아버지의 죽음에 대해 침묵으로 일관했던 정조는 왕이 되자

이렇게 말합니다.

"과인은 사도세자의 아들이니라."

왕이 된 정조는 아버지의 복수보다는 정치적 갈등을 완화하고 안정된 나라를 만들고자 노력했어요. 탕평책을 실시하여 붕당에 상관없이 능력 있는 인재들을 뽑아 나랏일을 맡겼죠. 또한 학문과 지식을 중하게 여겼던 정조는 규장각이라는 도서관을 세우고 이곳에서 조선의 정치, 경제, 사회 문제를 연구하게 했지요. 그리고 신해통공이라는 정책을 통해 상업을 독점하던 특권층의 권한을 줄이고 다른 상인들도 자유롭게 물건을 사고팔 수 있게 하여 경제를 발전시켰어요.

그럼, 정조의 가장 빛나는 업적은 무엇일까요? 바로 수원화성의 건설입니다. 효심 깊었던 정조는 사도세자의 억울한 죽음을 풀고 아버지를 기리기 위해 사도세자의 묘를 한양에서 수원으로 옮겼어요. 그 지역을 새로운 정치적 중심지로 만들고 수도 한양의 방어를 강화하고자 최신 건축 기술을 사용해 큰 성을 쌓았어요. 이처럼 수원화성은 군사적 방어 기능을 갖춘 매우 튼튼한 성이랍니다.

효심이 깊고 나라와 백성을 위해 헌신했던 정조는 조선의 발전에 크게 이바지한 성군으로 평가받습니다.

3장 조선 후기

세도 정치 아래 무력했던   (재위 기간 1800년~1834년)

① 성종　　② 순조　　③ 세조

임금님 한 줄 평

안동 김씨의 세도 정치가 시작되었고, 천주교 탄압이 이루어졌다. 홍경래의 난으로 농민 생활이 어려워졌다.

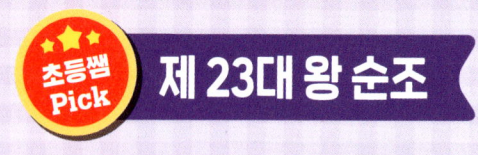
제 23대 왕 순조

내 의지대로 나라를 이끌고 싶었지만……

　사공이 많으면 배가 산으로 올라간다는 속담을 아시나요? 지시를 내리는 사람이 너무 많으면 일이 제대로 진행되지 않고 엉뚱한 방향으로 나아간다는 뜻인데요. 이처럼 갈피를 잡지 못하고 어지러운 정치 생활을 한 왕이 있어요. 제 23대 왕 순조를 만나볼까요?

　순조는 정조의 아들로, 어린 나이에 왕위에 올라 정치적 경험이 부족한 상태에서 왕위를 이어받았습니다. 이에 따라 초기에는 순조의 증조할머니 정순왕후가 대신 나랏일을 도맡아서 했어요. 하지만 정순왕후는 나랏일보단 본인의 가문에 정치적 힘을 실어주는데 더 힘썼죠. 경주 김씨에게 높은 관직을 주고, 천주교를 믿는 사람들은 붙잡아 크게 처벌했어요. 천주교가 유교 사회의 질서를 거스른다는 이유였지만 실제로는 자신의 가문을 반대하는 사람 중에 천주교도가 많았기 때문이죠. 이때 많은 사람들이 천주교를 믿는다는 이유만으로 억울한 죽임을 당했는데, 이를 '신유박해'라고 합니다.

　시간이 흘러 순조는 정순왕후의 수렴청정에서 벗어나 직접 나라를 다스리게 됩니다. 그런데 이번엔 장인의 가문인 안동 김씨가 권력을 마음대로 휘두르기 시작했어요.

　이때부터 한 가문이 모든 권력을 차지해 나랏일을 독단적으로 처리하는 세도 정치가 시작되었습니다. 이들은 벼슬을 사고팔고 세금을 마구 걷으며 백성들의 삶을 힘겹게 했어요. 이에 백성들은 더 이상 참지 못하고 전국적으로 반란을 일으키게 되죠. "세도 정치로 엉망인 이 나라를 내가 바꿔 보겠어." 평안도 출신의 홍경래는 큰 뜻을 품고 난을 일으킵니다. 하지만 제대로 훈련을 받은 군대를 이겨내지 못하고 결국 실패로 끝났어요.

　백성들의 어려움을 마주한 순조도 가만히 있지만은 않았어요. 왕권을 강화하고 안동 김씨 세력을 누르기 위해 풍양 조씨 세력과 손을 잡았죠. 또한 아들 효명세자에게 대신 정치를 맡겼어요. 적극적인 성격의 효명세자는 나랏일을 곧잘 해 나갔지만 안타깝게도 갑자기 세상을 떠나고 됩니다.

　그로부터 4년 뒤, 순조도 세상을 떠나면서 조선은 풍양 조씨와 안동 김씨가 권력을 두고 싸우는 아수라장이 되었답니다.

조선 후기 ②

무늬만 왕이었던 ㅎ ㅈ
(재위 기간 1398년~1400년)

① 헌종   ② 효종   ③ 현종

임금님 한 줄 평

세도 정치가 계속되면서 정치적 혼란도 지속되었다. 풍양 조씨 가문과 안동 김씨 가문의 대립이 이어졌고, 삼정의 문란으로 백성 고통은 가중되었다.

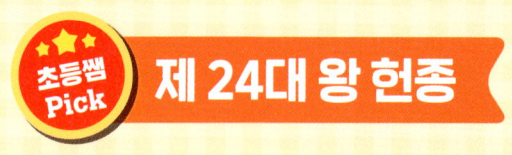

난 꼭두각시 왕인가 봐

　혹시 마리오네트 인형의 공연을 본 적 있나요? 팔과 다리에 여러 개의 줄이 붙어 있고, 그 줄을 조종하는 사람에 따라 인형의 움직임이 시시각각 변화하죠. 이 마리오네트 인형처럼 실제로는 아무런 권한도 행사할 수 없었고, 외척 세력에 의해 조종당했던 왕이 있습니다. 제 24대 왕, 헌종을 만나볼게요.

　헌종이 왕위에 오르기 전, 순조 때부터 왕의 외척 세력이 권력을 잡고 마음대로 휘두르는 세도 정치가 시작되었어요. 어린 왕을 대신해서 권력을 잡은 외척 세력은 바른 정치를 펴기보다는 부정부패를 일삼았죠. 잠시나마 순조의 아들이었던 효명세자가 정치를 할 때만 해도 다시 왕권이 강화되는 듯했으나 효명세자는 안타깝게도 일찍 세상을 떠났습니다. 당시 헌종은 효명세자의 아들이었어요. 어린 나이에 왕위에 올랐고, 이는 외척 세력이 권력을 장악하는 데 더할 나위 없이 좋은 상황이었어요.

　어린 헌종을 대신해서 나라를 다스리게 된 할머니 순원왕후는 자신의 가문인 안동 김씨만을 위한 정치를 했습니다. 열다섯 살부터는 헌종이 직접 정치에 나섰지만, 이번에는 어머니 신정왕후가 풍양 조씨 세력을 등에 업고 나라를 쥐락펴락했죠. 이러한 세도 정치로 인한 어지러운 상황은 백성들의 삶은 더욱 고통스럽게 만들었어요. 부정한 관리들은 나라의 세금 제도를 이용해 자신의 욕심을 채웠죠. 그들은 갓난아기나 죽은 사람에게도 세금을 매기며 가난한 백성들을 괴롭혔어요.

 한편, 조선이 세도 정치로 혼란스러운 가운데 조선 밖에서는 변화의 바람이 불어오고 있었어요. 당시 중국, 일본 같은 주변 나라들은 서양의 문물을 받아들이며 성장하고 있었죠. 조선 각지에도 서양의 배가 나타납니다. 그러나 다른 데 눈을 돌릴 여유가 없었던 헌종은 서양 문물을 받아들일 준비가 되지 않았죠. 백성들은 시도 때도 없이 나타나는 서양의 배들 때문에 불안에 떨었고, 이들이 백성들의 물건을 빼앗는 일까지 일어났어요. 이처럼 나라 안팎으로 어지러웠던 조선 후기, 헌종은 조선을 위기에서 구하지 못하고 스물 세살의 어린 나이로 세상을 떠나고 맙니다.

조선 후기 ③

꼭두각시였던 평민 왕 ㅊ ㅈ
(재위 기간 1849년~1863년)

① 차조 　　② 철종 　　③ 추종

임금님 한 줄 평

세도 정치가 지속되고, 진주 농민 봉기가 발생하여 농민 생활은 더 어려워졌다. 흥선대원군이 등장하면서 세도 정치가 종식되었다.

제 25대 왕 철종

쉿! 난 사실 글을 읽지 못해!

여러분! 큰일 났어요! 조선 왕실의 대가 끊기게 생겼어요! 여덟 살의 어린 나이로 왕위에 올랐던 헌종이 아들을 낳지 못하고 세상을 떠나서 후계자가 없어요! 과연 조선 왕실은 이 문제를 어떻게 해결했을까요?

세도 정치가 극에 달했던 시기, 조선 왕실은 전국 각지에 있는 여러 왕손 후보 중에 강화도에서 살고 있던 이원범을 찾아냈어요. 그는 정조의 이복동생인 은언군의 손자였죠. 이원범은 가문의 몰락으로 제대로 공부도 못하고, 부모 없이 강화도에서 농사나 지으며 살고 있었어요. 이원범은 왕실의 어른인 순원왕후와 외척 세력이 요구하는 조건에 딱 맞았죠. 어차피 권력을 쥐고 마음대로 휘두르고 싶어 하는 신하들에게 똑똑하고 잘난 왕은 필요가 없었거든요.

왕이 된 철종에게는 왕족들이 쓰는 말, 입는 옷, 복잡한 예법과 절차들을 하루빨리 익혀야 했어요. 게다가 막강한 권력을 쥔 안동 김씨 세력들을 상대해야 했죠. 신하들의 질문에 어떤 답을 해야 할지 몰라 막막할 때도 많았어요. 하지만 임금이 된 철종은 농민이었던 경험을 살려 백성을 위한 정책을 펴려 했지요. 그러나 모든 권력은 안동 김씨 가문에게 있었고, 철종은 아무런 일도 하지 못하는 힘 없는 임금이었어요.

그 결과 철종 대에는 농민들의 반란이 가장 많이 일어나게 됩니다. 당시 안동 김씨 가문의 부정부패로 백성들은 굶주림에 시달려 고통받고 있었어요. 결국 참다못한 농민들이 봉기를 일으키게 됩니다. 벌떼처럼 떼를 지어 들고 일어나는 것을 봉기라고 하는데요. 진주 지역 농민들의 봉기를 시작으로, 전라도, 충청도, 심지어 제주까지 전국에 걸쳐 농민 봉기가 일어났어요.

"탐관오리 물러가라! 백성들을 그만 괴롭혀라!"

이들은 부패한 관리들을 죽이거나 돈 많은 양반들을 습격하기도 했죠. 세도 정치와 농민 봉기로 어지러운 상황에서 철종은 몇몇 개혁을 시도하기도 했지만, 결국엔 세도가의 반대에 부딪혀 아무것도 제대로 할 수 없었습니다. 철종 또한 후손을 낳지 못하고 젊은 나이에 세상을 떠나고 마는데요. 과연 조선 왕실의 다음 후계자는 누가 될까요?

4장 개항기

대한제국의 황제 ㄱ ㅈ
(재위 기간 1864~1873년)

① 규종　　② 고전　　③ 고종

임금님 한 줄 평

흥선대원군 섭정을 종료하고 개항 정책을 폈으나 일제강점기를 맞게 되었다. 독립협회를 설립하고 국민 계몽과 자주 독립운동을 전개하였다.

제 26대 왕 고종

나는 대한제국의 황제다

여러분이 갑자기 어린 나이에 어마어마한 재산을 물려받았다고 생각해 볼게요. 그런데 외부에서 그 재산을 빼앗기 위해 자꾸 간섭하며 압박하면 어떤 생각이 들까요? 이들의 위협과 공격에서 어떻게든 벗어나고 싶을 거예요. 19세기 조선의 모습이 이와 비슷했어요. 외세의 침략과 압력 속에서 나라를 지켜야 했던 제 26대 왕, 고종은 어떤 방법을 선택했을까요?

조선 왕실은 철종의 다음 후계자로 먼 친척인 이하응(훗날 흥선대원군)의 둘째 아들(고종)을 왕으로 세우게 됩니다. 열두 살의 어린 나이로 왕위에 오른 고종을 대신해 그의 아버지인 흥선대원군은 무려 10년 동안 정치를 하게 됩니다. 한편, 나라 밖에서는 서양 국가들이 조선에 무역 거래를 요구하기 시작하였는데요. 당시 서양은 산업혁명 이후, 경제가 크게 발전했고 자국의 물건을 만들어 팔 수 있는 더 넓은 시장을 찾고 있었습니다. 이에 프랑스와 미국이 조선까지 찾아와 교역을 요구하게 되었습니다. 하지만 흥선대원군은 오랑캐와 교류하는 것은 나라를 팔아먹는 일이라는 내용을 새긴 척화비를 세우며 서양과 일절 교류를 하지 않았죠. 반면, 고종은 아버지와 달리 나라의 문을 열고 개화 정책을 펼치고 싶었습니다. 가장 큰 변화가 바로, 1876년 강화도 조약 체결입니다. 이 조약은 조선이 일본과의 무력 충돌 이후 체결한 불평등 조약으로, 조선이 나라의 문을 열게 되는 중요한 사건이죠. 원래 조선의 전통적인 외교 방식은 강대국(특히 중국)에게 조공을 보내고 이를 통해 외교적인 보호를 받는 것이나 이것은 19세기 후반 서양 강대국의 침입과 변화하는 국제 상황에 대응하는 데 한계점이 있었죠. 결국 준비가 부족했던 조선은 이후 일본을 포함한 청나라, 러시아의 영향력 아래에서 정치적 혼란을 겪게 됩니다. 강력한 외세의 압박 속에서 나라를 지키기 위해 고뇌했던 고종은 국호를 대한제국으로 바꾸고 황제가 되겠다고 선언했습니다.

고종의 대한제국 선포는 더 이상 외세에 흔들리지 않겠다는 강한 의지와 자주적인 나라로 나아가려는 중요한 발걸음이었습니다. 더 나아가 곳곳에 학교를 세워 기술을 보급하고 전차를 개통하는 등 근대적인 조선의 모습을 갖추기 위해 노력했죠. 하지만 이러한 시도에도 불구하고 일본이라는 강력한 세력을 막아내기에는 역부족이었죠. 호시탐탐 조선을 노리던 일본은 1905년 을사늑약을 강제로 체결해 조선의 외교권을 빼앗고, 고종은 황제의 자리에서도 쫓겨나 역사 속에서 조용히 물러나야 했습니다.

개항기 ②

나라를 빼앗긴 ㅅ ㅈ
(재위 기간 1874~1926년)

① 세종　　② 세조　　③ 순종

임금님 한 줄 평

일제강점기 하에서 별다른 업적을 남기지는 못했다.

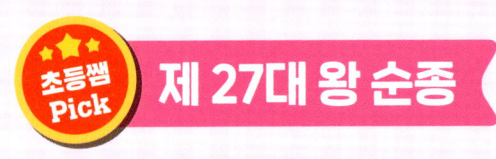

제 27대 왕 순종

나라를 빼앗긴 마지막 왕

"일본이 강제로 을사늑약을 체결했어요! 이는 명백한 국제법 위반이랍니다!"

이는 네덜란드 헤이그에서 열린 만국 평화 회의에 파견된 특사의 외침입니다. 고종은 조선의 외교권을 빼앗아 간 조약 체결의 억울함을 알리고자 특사를 파견했죠. 하지만 결과는 좋지 않았고 이를 문제 삼은 일본은 고종을 강제로 퇴위시키고, 고종의 아들을 즉위하게 했습니다. 그가 바로 조선의 27대 왕이자 대한제국의 마지막 황제였던 순종입니다.

이처럼 순종이 왕이 되기 전부터 조선은 이미 일본의 손에 넘어가고 있었습니다. 순종은 백성을 사랑했던 아버지 고종의 뜻을 이어 나라를 지키고자 했지만, 제대로 된 국정 운영을 하기 어려웠어요. 당시 일본은 순종이 왕이 되자마자 본격적으로 조선을 빼앗기 위한 전략을 세웠죠. 대한제국에 대한 완전한 지배권을 요구하며 곳곳에 손을 뻗치기 시작했습니다. 결국 500년 넘게 이어 온 조선이 사라지고 일본의 지배를 받게 되는 사건이 발생합니다.

"전하, 일본이 강제로 한일 병합 조약을 맺자고 압박하고 있습니다. 이를 거부하면 무력으로 밀어붙일 기세인데 부디 백성들을 생각하여 현명한 결단을 내려주십시오."

"나라가 이토록 약해져 버렸는데 지금 저항하면 백성들을 괴롭힐 것이 분명하다. 어떻게 해야 이 나라를 지킬 수 있을지 참으로 답답하구나."

순종은 결국 한일 병합 조약을 받아들이기로 마음을 굳히죠. 이렇게 순종은 조선과 대한제국의 마지막 황제로서, 어쩔 수 없는 시대의 큰 흐름에 휩쓸려 비극적인 결정을 내려야 했습니다. 그의 선택은 조선의 끝이자 우리 역사 속에서 오래도록 기억될 안타까운 장면이 되었죠.

이에 따라 대한제국은 1910년 일본의 식민지가 되었고, 순종은 조선의 마지막 황제가 되었습니다. 순종은 나라를 잃고 창덕궁에서 쓸쓸히 지내다가 세상을 떠나게 됩니다. 하지만 조선의 주권을 잃은 힘없는 순종과는 달리 조선의 백성들은 강했어요. 고종이 세상을 떠난 후에는 조선의 독립을 외치는 3.1운동이 전국적으로 퍼져갔고 특히, 순종이 세상을 떠난 1926년 6월에는 6.10 만세운동이 일어났습니다. 이러한 움직임은 이후에도 이어졌고, 독립을 원하는 백성들의 굳은 의지로 마침내 우리나라는 광복을 맞이하게 됩니다.

5장 왕실 이야기

왕실 이야기 ①

왕을 사랑했던, 사랑받고 싶었던 ㅇ ㅂ

① 왕비   ② 왕부   ③ 왕병

궁궐 속 가장 찬란하고도 쓸쓸한 자리

　조선 시대의 왕비는 왕의 아내로서 왕실을 대표하며, 왕실과 나라의 안정을 책임지는 중요한 역할을 맡았어요. 또 왕비는 왕의 후계자인 세자를 낳고 교육하며 조선의 미래를 준비하는 중심인물이었답니다.

　왕비가 되는 과정은 매우 특별했어요. 아무나 왕비가 될 수 없었고, 삼간택이라는 세 번의 엄격한 심사를 거쳐야 했죠. 초간택에서는 각 지역의 관리들이 예절과 성품이 훌륭하고 외모와 가문이 뛰어난 처녀들을 추천했어요. 이때 후보자들은 외모뿐만 아니라 말씨와 행동, 예절 등도 꼼꼼히 평가받았답니다. 재간택으로 넘어간 후보들은 성품, 가문의 전통, 그리고 교육 수준을 더 깊이 심사받았어요. 왕비는 단순히 외모가 아니라 지혜와 덕성을 갖춘 인물이어야 했기 때문이에요. 마지막 단계인 삼간택에서는 왕실 어른들, 특히 대비(왕의 어머니)와 왕이 직접 후보들을 심사해 최종적으로 왕비를 결정했어요. 이렇게 선정된 사람은 가례라는 결혼식을 통해 공식적으로 왕비로 인정받았답니다.

　하지만 왕비가 왕의 후계자를 낳지 못하면 왕실 내에서의 처우가 달라질 수 있었어요. 조선 시대에는 왕실의 대를 잇는 것이 매우 중요했기 때문에, 아들을 낳지 못한 왕비는 정치적, 사회적 압박을 받기도 했죠. 이런 경우 왕은 후궁을 통해 후계자를 얻는 일이 많았고, 왕비의 지위는 유지되지만, 왕실 내에서 영향력이 약해질 수도 있었답니다. 숙종의 부인이었던 인현왕후는 성품이 어질고 온화하여 백성들에게 존경을 받았어요. 하지만 왕의 아들을 낳지 못하여 결국 숙종은 후궁 장희빈에게서 아들 경종을 얻었죠. 이에 인현왕후는 정치적인 이유로 폐위되었다가 나중에 복위되었어요.

 왕비의 임무는 왕의 후사를 낳는 것 외에도 매우 다양했어요. 아침에는 왕과 대비 등 왕실 어른들에게 문안드리며 하루를 시작했고, 이후에는 궁녀들의 생활을 살피고, 왕실 행사와 제사를 준비하며 궁궐 내의 일을 관리했답니다. 때로는 왕과 나라의 중요한 문제를 상의하거나, 가족으로서 왕과 시간을 보내기도 했어요. 또 왕이 어린 나이에 즉위하거나 건강이 좋지 않아 나라를 다스리기 어려운 상황에서는 왕비가 대신 중요한 결정을 내리기도 했어요. 이를 섭정(攝政)이라고 하며, 왕비는 신하들과 협의해 나라를 다스리는 역할을 맡았답니다.

 조선의 왕비는 왕실의 안정을 책임지고, 나라의 중요한 행사와 전통을 이끌며 핵심적인 역할을 수행한 존재였답니다.

왕실 이야기 ②
조선 시대 금수저 ㅇ ㅅ ㅈ

① 용세자   ② 왕세자   ③ 왕소자

왕이 되기 위한 준비, 동궁에서의 하루

　조선 시대의 왕세자는 왕의 후계자로서 나라를 이끌 준비를 하는 매우 중요한 인물이었어요. 왕세자는 흔히 줄여서 세자라고 불렀죠. 대부분 왕의 맏아들이 세자가 되는 경우가 많았는데, 이는 조선이 유교를 바탕으로 세워진 국가였기 때문이에요. 유교에서는 장남(맏이)이 가문의 대를 잇는 것이 원칙으로 여겨졌어요. 하지만 맏아들이 건강하지 않거나 왕으로서의 자질이 부족하다고 판단되면, 다른 아들이 세자가 되기도 했답니다. 예를 들어, 세종 대왕은 태종의 셋째 아들이었지만, 맏아들인 양녕대군이 왕세자의 역할을 제대로 수행하지 못했어요. 자유분방한 성격과 책임감 부족이 문제였죠. 반면, 세종은 총명하고 학문에 뛰어난 능력을 보였기 때문에 세자가 되었고, 훗날 조선을 크게 발전시킨 훌륭한 왕이 되었답니다.

　세자는 세자 책봉이라는 엄격한 절차를 통해 공식적으로 다음 왕으로 인정받았어요. 세자 책봉식은 왕이 조정(왕실과 신하들 앞)에서 세자를 임명하는 의식이에요. 이 자리에서 왕은 세자에게 교명(敎命)이라는 문서를 주었는데, 이 문서에는 "너는 나라의 다음 왕이다."라는 뜻이 담겨 있었죠. 책봉식이 끝나면 나라 전체에 이를 알려 백성들도 새로운 세자를 알게 되었어요.

  세자가 되면 궁궐 안의 동궁(東宮)이라는 별도의 공간으로 이동해 생활했어요. 세자는 그곳에서 먹고, 자고, 배우며 왕이 될 준비를 했답니다. 세자의 하루는 왕과 왕비, 대비 등 어른들께 문안드리는 것으로 시작했어요. 이후에는 유학이라는 학문을 공부했는데, 이는 옛 성인들의 가르침을 배우는 것이었어요. 나라의 법, 역사, 글씨 쓰기, 말하기 등도 연습했죠.

  특별한 일이 없는 한, 세자는 동궁을 함부로 벗어날 수 없었어요. 하지만 국가 행사에 참여하거나 조상들의 제사를 챙기고, 중국 사신을 맞이하는 등 다양한 임무를 수행하기 위해 동궁 밖으로 나가는 일도 있었어요. 이런 경험들은 세자로 하여금 왕이 될 준비를 더욱 탄탄히 할 수 있도록 도왔지요. 단, 세자는 왕위에 오르기 전의 예비 단계에 불과했기 때문에 정치와 관련된 말을 하거나 신하들을 함부로 만나서도 안 되었죠. 만약 세자가 정치에 관여한다면, 이는 왕의 권한을 침범하는 행위로 간주하여 역모와 같은 중대한 죄로 여겨졌답니다.

  왕세자는 단순히 왕위 계승자가 아니라, 조선의 미래를 이끌어 갈 준비된 지도자로 성장해야 했어요.

왕실 이야기 ③

왕을 보좌한 국무총리
ㅇㅇㅈ

① 왕이죠　　② 왕이중　　③ 영의정

조선을 설계한 사람들, 정승의 세계

　조선 시대의 최고 권력자는 바로 왕이었습니다. 그렇다면 왕 다음으로 높은 권력을 가진 사람은 누구였을까요? 바로 영의정입니다. 영의정은 조선 시대 가장 높은 관직으로, 왕실 구성원이 아닌 사람 중에서는 가장 높은 자리에 오를 수 있는 자리였어요. 이 직책을 맡은 사람은 나라의 중요한 일을 결정하고, 왕의 명령이 제대로 실행되도록 관리했죠. 왕은 학문적으로 뛰어나고 도덕적으로 신뢰받는 관리 중에서 똑똑하고 믿을 수 있는 인물을 영의정으로 임명했습니다. 혹시 황희라는 이름을 들어본 적 있나요? 그는 조선에서 영의정을 가장 오래 지낸 인물로, 태조부터 문종까지 다섯 임금을 보좌하며 무려 18년 동안 나라를 다스렸답니다.

　하지만 왕을 보좌하며 국가의 중요한 결정을 내리는 직책이 영의정만 있었던 건 아니에요. 조선의 정치는 영의정, 좌의정, 우의정으로 이루어진 삼정승 체제를 중심으로 운영됐습니다. 이 세 명의 정승은 조선 정치를 이끌며, 왕과 함께 국가의 주요 의사 결정을 내렸어요. 이들은 경복궁 안의 의정부에서 근무했답니다. 의정부는 조선 시대 최고 행정 기관으로, 법, 세금, 외교, 군사 등 나라의 중요한 사안을 논의하고 결정하는 곳이었어요. 정승들은 의정부에서 국가의 주요 사안을 논의하고 정리한 뒤, 이를 왕에게 보고했습니다. 또 다양한 관리의 의견을 듣고 상황에 맞는 정책을 제안하기도 했죠. 의정부에서 정승들이 회의하던 모습은 오늘날의 국무총리와 각 부처 장관이 국무 회의를 여는 모습과 비슷합니다.

그렇다면 삼정승 중 가장 높은 자리는 무엇이었을까요? 사실 영의정, 좌의정, 우의정은 모두 정1품 관직으로 품계는 같았지만, 맡은 역할에 따라 서열이 나뉘기도 했습니다. 영의정은 의정부의 최고 책임자로, 국가 정책을 총괄하고 국정 전반을 운영하는 역할을 맡았어요. 왕이 소집하는 회의나 학문과 정책을 논의하는 경연에도 참석했습니다. 좌의정은 영의정을 보좌하며 주요 의사 결정에 참여했고, 중요한 정책을 함께 논의했죠. 우의정은 좌의정과 함께 영의정을 지원하며 실질적인 행정 업무를 담당했어요. 조선 시대와 오늘날의 정치 구조는 많은 차이가 있어요. 조선 시대에는 왕이 모든 권력을 가졌던 반면, 오늘날에는 국회, 행정부, 법원이 권력을 나누어 나라를 운영하죠. 이를 통해 옛날과 오늘날의 정치 구조가 얼마나 다르고, 발전했는지 알 수 있겠죠?

왕실 이야기 ④

궁궐의 살림꾼 ㄱㄴ

① 걍녀　　② 공녀　　③ 궁녀

 궁녀

궁궐의 하루를 완성한 이름 없는 손길

　궁녀는 조선 시대 궁궐에서 왕과 왕실 가족의 생활을 보좌하며 다양한 일을 맡았던 여성들입니다. 이들은 왕실의 살림을 책임지고 궁궐 내부 여러 부서에서 중요한 역할을 했어요. 보통 4세에서 13세 사이의 어린 소녀들이 선발되어 궁에 들어왔으며, 내명부에 소속된 후 교육과 훈련을 받고 각자의 역할을 맡았습니다. 궁녀 중 가장 높은 직위는 상궁으로, 왕과 왕비를 가까이에서 보좌했어요. 상궁은 내명부의 관리를 책임지고 다른 궁녀들의 생활과 업무를 감독했습니다. 상궁 아래에 있던 궁녀들은 각자 맡은 역할에 따라 분담하여 궁궐을 운영했죠.

　그렇다면 궁녀들은 어떤 일을 했을까요? 궁녀들은 주로 궁궐의 의식주와 관련된 일을 담당했어요. 왕실의 음식을 준비하는 소주방의 궁녀들은 요리에 능숙한 이들로 구성되어 왕과 왕비의 식사를 책임졌습니다. 침방의 궁녀들은 왕과 왕비의 옷과 궁궐에서 사용되는 각종 의복을 제작하거나 수선했어요. 이들은 바느질 솜씨가 뛰어났답니다. 또 왕과 왕비의 세수를 돕거나 목욕을 준비하는 세수간의 궁녀, 왕실의 침구와 이불, 베개 등을 관리하는 궁녀, 그리고 궁궐 내의 문서와 기록을 관리하는 행정 업무를 맡은 궁녀들도 있었어요. 이처럼 궁녀들은 궁궐 운영의 각 분야를 세분화하여 체계적으로 일했답니다.

궁녀들은 왕실을 위해 헌신했지만, 개인의 자유는 거의 없었어요. 결혼이 금지되었고, 궁 밖으로 나가는 것도 제한됐습니다. 그러나 능력을 인정받으면 상궁으로 승진하거나 왕비와 가까운 위치에서 중요한 역할을 맡을 기회도 있었어요. 일부 궁녀는 왕이나 왕족의 총애를 받아 후궁으로 승격되기도 했습니다. 하지만 정치적 갈등에 휘말리며 순탄치 않은 삶을 살기도 했죠.

궁녀들은 일정 연령이 되면 궁궐에서 퇴직할 수 있었어요. 퇴직 후에는 작은 연금을 받으며 생활하거나 고향으로 돌아갔습니다. 또, 궁에서 익힌 기술을 활용해 지역 사회에서 바느질, 의복 제작, 음식 조리 등을 하며 생계를 이어갔어요. 그러나 궁에서의 생활이 인생 대부분을 차지했기 때문에, 많은 궁녀는 퇴직 후에도 궁궐에서의 삶을 그리워하기도 했습니다. 조선 시대 궁녀들은 단순히 일을 돕는 역할을 넘어, 궁궐과 왕실이 원활히 운영되도록 하는 핵심적인 존재였어요. 만약 궁녀가 없었다면 궁궐의 운영과 왕실의 일상은 큰 혼란에 빠졌을 거예요.

왕실 이야기 5

조선 왕실의 보물 ㅇ ㄱ

① 의교   ② 의궤   ③ 의구

 의궤

조선의 타임캡슐: 붓 끝으로 소환한 왕실 라이프

　수백 년 전, 사진도 영상도 없던 시절, 조선 시대 사람들은 어떻게 왕실의 중요한 행사를 기억하고 똑같이 재현할 수 있었을까요? 그 비밀은 바로 조선 왕조 의궤라는 책에 있답니다. 의궤는 왕실에서 진행한 중요한 행사를 글과 그림으로 자세히 기록한 책이에요. 결혼식, 장례식, 연회, 외국 사절단 맞이 같은 행사들이 어떻게 열렸는지 절차와 모습까지 아주 꼼꼼히 적혀 있답니다. 이 기록은 후에 같은 행사를 준비할 때 참고하라고 만들어진 거예요. 덕분에 우리는 지금도 수백 년 전 조선 왕실의 모습을 알 수 있답니다. 조선 왕조 의궤는 조선 초기부터 만들어졌어요. 그런데 특히 영조와 정조 임금 때 의궤가 많이 만들어졌답니다. 이 두 임금 때에는 나라와 왕실의 힘을 보여주기 위해 큰 행사가 많이 열렸기 때문이에요. 그 덕분에 오늘날까지도 이 시기의 의궤가 많이 남아 있답니다.

　먼저, 왕실의 결혼식을 기록한 <가례도감의궤>에는 조선 왕실 결혼식의 절차와 행렬 모습이 아주 자세히 적혀 있어요. 예를 들어, 영조 임금이 결혼했을 때 기록한 <영조정순왕후가례도감의궤>에는 결혼식에 참여한 1,299명의 사람과 379마리의 말이 동원된 모습이 담겨 있어요. 얼마나 크고 웅장한 행사였는지 상상이 되죠? 왕실의 결혼식은 단순히 두 사람이 결혼하는 것이 아니라, 왕실의 위엄을 보여주고 백성들과 기쁨을 나누는 큰 잔치였답니다. 그런데 그림을 보면 이상한 점이 있어요. 결혼식 장면에 왕의 모습은 그려지지 않았어요. 왜일까요? 왕은 너무 중요한 존재라 아무나 볼 수 없었기 때문에 왕 대신 왕이 앉는 의자와 그 주변에서 일하는 사람들만 그려졌던 거예요.

결혼식만큼 중요한 행사로는 왕의 장례식이 있어요. 정조 임금의 장례식을 기록한 <정조대왕국장도감의궤>를 보면 장례 행렬이 얼마나 엄숙하고 웅장했는지 알 수 있어요. 나라 전체가 슬픔에 잠기는 일이었지만, 왕의 마지막 순간까지 그 권위를 보여주기 위해 장례 행렬은 아주 장엄하게 꾸며졌답니다.

뿐만 아니라, 의궤는 궁궐이나 성을 짓는 모습도 자세히 기록하고 있어요. 그 예로 정조 임금이 아버지 사도세자를 위해 지은 수원화성의 공사 과정을 담은 <화성성역의궤>라는 책이 있답니다. 이 책에는 성을 지을 때 사용한 재료, 도구, 비용, 그리고 참여한 사람들의 이름까지 아주 꼼꼼히 적혀 있어요. 덕분에 지금도 수원화성이 어떻게 만들어졌는지 생생히 알 수 있답니다.

왕실 이야기 6

이름으로 왕을 평가하는 ㅁ ㅎ

① 묘호　　② 무호　　③ 맹호

 묘호

임금님도 사후 성적표를 받는다.

조선 시대 왕들의 이름을 살펴보면 보통 '조'와 '종'으로 끝나는데요. 이 이름을 '묘호'라고 해요. 묘호란 왕이 세상을 떠난 뒤, 왕들의 위패를 모신 종묘에 올려지는 이름이랍니다. 즉, 왕에게 제사를 지낼 때 사용하는 이름이 바로 우리가 알고 있는 조선 시대 왕들의 이름인 거예요. 묘호는 왕의 업적을 기리기 위한 특별한 이름으로, 후손들이 그 왕을 기억하고 존경할 수 있도록 만들어졌답니다.

조선 왕들의 묘호는 중국에서 들여온 제도로 우리나라는 고려 시대부터 묘호에 '조(祖)'와 '종(宗)'을 붙이기 시작했어요. '조(祖)'는 '시작'을 뜻하는데요. 새로운 왕조를 세우거나 기틀을 다진 왕에게 붙이는 이름이죠. 태조 이성계는 조선이라는 새로운 나라를 세운 임금이기 때문에 '태조'라는 묘호를 받았답니다. 한편, "종(宗)"은 '계승'의 뜻을 담고 있어요. 이는 왕조의 전통과 정통성을 이어받아 나라를 안정적으로 다스린 임금에게 붙이는 묘호예요. 왕권을 강화하고 조선을 안정시켰던 태종과, 나라의 제도와 문화를 완성한 성종이 대표적이에요.

하지만 묘호가 항상 이런 원칙을 따른 것은 아니었어요. 반란이나 정변 같은 특수한 상황으로 왕이 될 경우, 새로운 왕조를 연 것처럼 여겨져 묘호에 '조'가 붙기도 했어요. 세조와 인조가 그런 경우예요. 세조는 단종을 몰아내고 왕위에 올라 새롭게 왕권을 세웠고, 인조 역시 반정을 통해 왕이 되었기 때문에 묘호에 '조'가 붙게 된 거예요. 그런데 임진왜란 이후, 왕실 권위와 전통을 재정비하는 과정에서 묘호를 붙이는 원칙이 점점 더 혼란스러워졌어요. 이때부터 '조'가 '종'보다 더 높고 귀한 이름으로 여겨지기 시작하면서 원칙에서 벗어난 사용이 많아졌답니다. 선조는 원래 묘호가 '선종'이었는데, 그의 아들 광해군이 아버지의 이름을 높여 부르겠다며 '선조'로 바꾼 거예요. 영조, 정조, 순조도 '종'을 사용했지만 후대인 철종과 고종 때 묘호가 각각 '영조', '정조', '순조'로 바뀌었어요.

반면, 연산군과 광해군은 묘호를 받지 못하고 이름 끝에 '군'이 붙었어요. 묘호는 나라와 백성들에게 인정받은 왕에게만 주어졌기 때문에, 왕위에서 물러난 연산군과 광해군은 '조'나 '종'을 받을 자격이 없었던 거죠.

이처럼 묘호는 왕의 업적과 왕조의 정통성을 담은 특별한 상징이에요. 우리는 묘호로 조선의 왕들이 나라를 어떻게 다스렸는지, 또 그들이 후대에 어떤 평가를 받았는지 엿볼 수 있답니다.

왕실 이야기 7

왕도 보지 못한 내밀한 기록
ㅅ ㄹ

① 셜록   ② 실록   ③ 상록

왕의 민망한 순간까지 놓치지 않는
역사의 파파라치

　<조선왕조실록>은 조선 제 1대 왕인 태조부터 제 25대 왕인 철종까지 약 472년간의 역사를 연대순으로 기록한 책이에요. 조선의 마지막 왕들인 고종과 순종의 기록도 있긴 하지만, 이들은 일제강점기에 편찬되면서 왜곡된 내용이 많아 일반적으로 실록에는 포함되지 않아요. 실록은 총 1,893권 888책에 달하며, 당시 사람들의 생각과 생활 모습까지 생생히 담고 있어 역사적으로 중요한 가치를 지닌 보물이랍니다.

　실록과 관련된 가장 유명한 이야기 중 하나는 태종 때 있었던 일이에요. 태종 4년(1404년), 태종이 사냥을 나갔다가 말에서 떨어진 사건이 기록되어 있어요.

"친히 활과 화살을 가지고 말을 달려 노루를 쏘다가 말이 거꾸러짐으로 인하여 말에서 떨어졌으나 상하지는 않았다. 좌우를 돌아보며 말하기를, '사관이 알게 하지 말라.' 하였다."

— 태종 4년(1404년) 2월 8일, 네 번째 기사

태종은 이 일이 기록되지 않길 바랐지만, 사관은 태종의 말까지 빠짐없이 실록에 남겼답니다. 이처럼 사관은 왕의 곁에서 왕이 하는 모든 말과 행동, 심지어 표정까지 기록했어요. 이렇게 작성된 기록을 사초라고 불렀는데, 이 사초는 왕도 함부로 볼 수 없었어요. 그래서 오늘날 실록이 비교적 객관적일 수 있었답니다.

그렇다면 <조선왕조실록>은 어떻게 만들어졌을까요? 왕이 세상을 떠나면 실록청이라는 기관이 세워지고, 사초와 관청 문서 등 다양한 자료를 종합하여 실록을 편찬했어요.

이렇게 완성된 실록은 단순한 사건의 기록이 아니라 당시의 정치와 문화를 생생히 보여주는 책이 되었답니다. 실록은 국가적으로 중요한 기록이어서, 여러 사고(책 보관 창고)에 보관했어요.

조선 전기에는 춘추관(서울), 충주, 전주, 성주 네 곳에 실록을 보관했지만, 1592년 임진왜란때 전주 사고본만 남고 나머지는 불타 버렸어요. 이후 전주본을 바탕으로 추가로 네 부를 만들어 깊은 산속 사고에 보관했어요. 지금은 오대산, 태백산, 정족산, 적상산에서 보관되었던 실록만 남아 있답니다.

이처럼 조선의 역사를 생생히 담아내고 있는 <조선왕조실록>은 현재 유네스코 세계기록유산으로 지정되어 전 세계적으로도 가치를 인정받고 있답니다.

왕실 이야기 8

왕이 입는 옷 ㄱ ㄹ ㅍ

① 구룡포   ② 공로패   ③ 곤룡포

조선 최고 권력자의 드레스 코드는?

　궁궐에서는 왕실의 위엄과 품위를 나타내는 옷을 매우 중요하게 여겼어요. 그래서 왕의 옷은 만나는 사람이나 행사에 따라 종류가 매우 다양했죠. 제사를 지낼 때와 왕비를 맞이할 때, 왕은 머리에 면류관을 쓰고 '면복'을 입었습니다. 하지만 평소에 업무를 볼 때는 붉은 비단으로 만든 '곤룡포'를 입었죠.

　곤룡포는 '용포'라고도 불리며, 용무늬를 수놓은 흉배가 가슴과 등, 양어깨에 붙어 있어요. 용은 왕을 상징하는 동물이었기 때문에, 곤룡포를 입은 모습만 봐도 "아, 저분이 왕이구나!"라고 쉽게 알 수 있었죠. 용은 발톱이 다섯 개인데, 이는 오직 왕만 사용할 수 있는 특별한 용의 모습이었습니다. 또 곤룡포의 옷깃, 소매, 옷자락에는 구름 모양과 산 그림 같은 아름다운 무늬가 장식되어 있었어요. 이는 왕이 하늘과 땅을 다스리는 존재라는 뜻을 가진답니다. 왕은 허리에 옥대를 두르고, 머리에는 '익선관'이라는 관을 썼습니다. 익선관은 왕과 세자가 평상시에 쓰는 모자로, 모자 뒤쪽에 매미 날개 모양 장식이 있어 '날개 익(翼)'과 '매미 선(蟬)' 자를 쓴 익선관이라 불렀죠. 곤룡포는 착용자의 신분에 따라 색깔,

허리띠의 재료, 그리고 수놓은 용의 모습이 달랐는데요. 왕은 붉은색 곤룡포를 입었고, 왕세자와 왕세손은 어두운 푸른색 곤룡포를 입었죠. 왕세자의 옷에는 발가락이 네 개인 용무늬를, 왕세손의 옷에는 발가락이 세 개인 용무늬를 사용했답니다.

곤룡포는 조선 시대 왕의 초상화인 어진에서 그 모습을 확인할 수 있어요. 어진을 자세히 살펴보면, 태조는 청색 곤룡포를, 고종은 황색 곤룡포를 입고 있어요. 그렇다면 왜 붉은색이 아닌 다른 색깔의 곤룡포를 입었을까요? 그 이유는 중국과의 관계 때문이었어요. 조선의 임금은 자신이 원하는 색과 모양의 옷을 자유롭게 선택할 수 없었어요. 중국에서 정해준 색깔의 옷을 입어야 했답니다. 당시 중국의 명나라 황제는 황색 옷을, 황제의 친자인 친왕은 붉은색 옷을 입었는데, 명나라는 조선의 임금을 친왕급으로 대우하여 곤룡포의 색을 붉은색으로 정해주었죠. 명나라에서 하사한 붉은색 곤룡포에 대한 기록이 세종 시기부터 찾아볼 수 있는데요. 이를 통해 명나라와의 외교 관계가 확립되지 않았던 태조 시기에는 색상의 제약이 덜했음을 짐작할 수 있답니다. 한편, 고종의 어진 속 황색 곤룡포는 1897년 고종이 대한제국을 선포하며 자신을 황제로 승격시킨 데 따른 것이었어요. 황제를 상징하는 황색 옷은 그 지위 변화를 반영한 것으로, 조선의 역사적 전환점을 상징했답니다.

왕실 이야기 9
왕의 공부 ㄱㅇ

① 경연　　② 강연　　③ 공연

조선의 열린 강의실, 그 특별한 시간!

조선 시대의 왕들은 세자 시절부터 왕으로 즉위한 이후에도 학문과 교양을 끊임없이 갈고닦으며 훌륭한 임금이 되기 위해 노력했어요. 왕은 국정을 총괄하는 지도자로서 뛰어난 능력을 발휘해야 했고, 특히 유능한 인재를 발굴해 적재적소에 배치하는 것이 중요했답니다. 이러한 취지에서 탄생한 제도가 바로 '경연'이에요. 경연은 나라를 안정적으로 다스리기 위해 왕이 신하들에게 학문을 배우고 토론했던 특별한 수업이자 정책 결정의 자리였죠.

경연은 하루에 기본적으로 세 번, 많게는 다섯 번까지 진행되었어요. 아침에는 조강, 점심에는 주강, 저녁에는 석강, 밤에는 야대, 그리고 불시에 열리는 소대까지 다양한 형태로 이루어졌답니다. 경연에서는 유학과 관련된 경서와 역사책을 주로 공부했는데, 전날 배운 내용을 복습하며 시작했어요. 이어 신하가 새롭게 배울 내용을 설명하고 가르침을 전했으며, 수업이 끝난 뒤에는 왕과 신하가 새로운 인재의 등용이나 중요한 정치적 안건을 두고 묻고 답하며 논의를 이어갔답니다. 이러한 과정은 단순한 학습을 넘어 국정 운영의 방향을 설정하는 데 중요한 역할을 했어요. 1519년 중종 14년 당시 경연에서는 조광조라는 인재의 등용 문제가 논의되었답니다.

왕: 조광조라는 사람이 학문을 잘하고 도덕적으로도 훌륭하다고 들었다. 이 사람을 뽑는 것이 좋을까?

신하: 전하, 조광조는 학문도 뛰어나고 나라를 위해 좋은 마음을 가진 사람입니다. 하지만 너무 급하게 변화를 시도할 수도 있으니 신중하게 생각해 보셔야 합니다(1519년, 중종 14년).

이처럼 경연은 학문을 탐구하는 동시에 백성을 위한 정치를 고민하는 자리였어요. 또 아무리 왕이라도 제대로 된 교육과 학문적 연마가 부족하다면 훌륭한 지도자가 될 수 없다고 여겨졌기 때문에, 신하들은 경연을 통해 왕의 절대 권력을 견제하고 안정적인 정치를 이루고자 했답니다.

역사적으로 경연을 성실히 수행했던 왕들은 조선의 성군으로 기억되는데, 대표적으로 세종대왕, 영조, 성종 등이 있어요. 특히 성종은 경연에 가장 많이 참여한 왕으로, 재위 기간 25년 동안 무려 9,000회 이상 경연에 참석했답니다. 성종의 이러한 노력은 조선을 안정적으로 이끄는 원동력이 되었어요. 반면, 경연을 싫어했던 왕들도 있었어요. 세조와 연산군은 경연을 아예 폐지할 정도로 학문에 관심을 두지 않았으며, 광해군은 재위 기간 15년 동안 경연을 개최한 날이 고작 10일에 불과했답니다.

왕실 이야기 ⑩

조선의 선대 왕을 모신

① 종묘   ② 주문   ③ 전묘

유교 국가의 심장, 조선을 지탱한 공간

　종묘는 조선 시대 왕과 왕비의 영혼을 기리고 제사를 지내기 위해 세운 특별한 사당이에요. 조선 왕조의 창시자인 태조 이성계가 한양으로 도읍을 정하면서 처음 지었고, 이후 500년 동안 조선 왕조가 제사를 지내는 공간으로 사용되었답니다. 태조는 종묘 건설을 나라의 기틀을 세우는 중요한 일로 여겼어요. 조선 왕조가 1392년에 세워졌을 당시, 새로운 왕조로서의 권위를 백성에게 인정받는 것이 필요했죠. 이에 태조는 종묘에서 선대 왕들의 업적을 기리고 제사를 지내며 왕조의 정통성을 강화하고 왕실의 위엄을 드러냈답니다. 더불어 조선은 유교 이념을 바탕으로 세워진 나라였어요. 유교에서는 효(孝)와 예(禮), 즉 부모와 조상을 공경하고 제사를 지내는 것을 중요한 덕목으로 여겼지요. 종묘는 선대 왕들의 공로를 기리고 존경을 표하며, 후손들에게 조상을 공경하는 모범을 보여주는 교육적인 장소의 역할도 했답니다.

　종묘에서 지내는 제사를 '종묘제례'라고 해요. 제사 때는 왕실 후손과 많은 관리들이 모여 선대 왕들의 업적을 기렸고, 전통 음악과 춤도 함께 어우러졌지요. 이 전통 음악과 춤을 '종묘제례악'

이라고 부르는데, 그 정교함과 아름다움이 인정되어 2001년 유네스코 세계문화유산으로 지정되었답니다.

그렇다면 종묘는 왕이 살았던 궁궐처럼 화려할까요? 오히려 그 반대예요. 종묘는 왕과 왕비의 영혼을 모시는 사당답게 엄숙하고 격식을 갖춘 건축물로 이루어져 있어요. 화려한 장식보다는 단순하면서도 조화로운 구조가 특징이에요. 종묘의 중심 건물인 정전과 영녕전은 그 대표적인 예랍니다. 정전은 종묘의 가장 중요한 건물로, 길게 뻗은 직사각형 모양이에요. 이곳에는 왕과 왕비의 신위(영혼이 머무는 자리)가 모셔져 있어요. 처음에는 신위를 모시는 방이 일곱 개였지만, 왕과 왕비의 숫자가 늘어나면서 총 열아홉 개의 방이 마련되어 있답니다. 영녕전은 '영원히 편안하다' 라는 뜻을 가진 별도의 건물로, 정전에 자리를 마련하지 못한 왕과 왕비의 신위를 모시는 곳이에요. 정전보다 규모는 작지만, 비슷한 구조로 되어 있어 정전의 역할을 보완하는 중요한 장소랍니다.

종묘의 건물은 화려하지 않지만, 절제된 단순미와 조화로운 멋을 보여줘요. 이는 검소하고 겸손을 중시했던 조선의 정신을 잘 나타내고 있답니다. 오늘날 종묘는 일반인도 방문할 수 있는 역사 유적지로, 조선의 역사와 문화를 가까이에서 느껴볼 수 있는 특별한 장소로 사랑받고 있어요.

왕실 이야기 ⑪

왕실 도서관 ㄱ ㅈ ㄱ

① 각지기　　② 규장각　　③ 건장궁

도서관인가 연구소인가? 조선의 지식 본부!

　조선 시대에는 왕이 나라를 다스리기 위해 공부하고 연구할 수 있는 특별한 도서관이 있었어요. 바로 규장각(奎章閣)입니다. 규장각은 단순히 책을 보관하는 곳이 아니라, 나라의 중요한 정책을 연구하고 학문을 발전시키는 데 큰 역할을 했던 중요한 기관이었답니다.

　규장각은 1777년, 정조가 창덕궁 안에 설립했어요. 정조는 조선 사회를 발전시키는 힘이 학문과 지식에 있다고 믿었기 때문에, 학자들을 모아 정책을 연구하고 왕이 공부할 수 있는 자료를 보관할 규장각을 만들었답니다. 정조는 규장각을 자주 이용하며 학문 연구에 몰두했어요. 규장각의 학자들은 단순히 책을 읽는 것에 그치지 않고, 왕과 함께 정책을 연구하며 새로운 책을 만들기도 했어요. 이들을 '규장각 관원'이라고 불렀는데, 나라의 운영에 중요한 역할을 했던 사람들이었답니다. 정조는 이 학자들을 매우 신뢰했고, 그들의 의견을 반영해 나라를 다스렸어요. 학자들은 조선의 학문과 문화를 발전시키고 백성을 위한 정책을 연구하며 정조와 함께 더 나은 나라를 만들기 위해 노력했습니다.

그렇다면 규장각에는 어떤 책들이 있었을까요? 역사, 의학, 문학, 정치 등 다양한 분야의 책들이 보관되어 있었어요. 예를 들어 <조선왕조실록>처럼 나라의 역사를 담은 책이나, <동의보감> 같은 의학 서적도 있었답니다. 정조는 이곳에서 학자들과 함께 <대전통편>이라는 법률서를 만들어 조선의 법과 제도를 정리하기도 했어요. 또 규장각에는 전국에서 수집한 희귀한 책들도 보관되었답니다.

이처럼 규장각의 도서들은 매우 귀중했기 때문에, 아무나 사용할 수 없었고 특별히 허락받은 사람들만이 접근할 수 있었어요. 그럼 규장각에 보관되었던 책들은 지금 어디에 있을까요? 도서의 대부분은 서울대학교 규장각한국학연구원과 박물관 등 여러 기관에 나뉘어 보관되어 있어요. 하지만 모든 자료가 온전히 남아 있는 것은 아니며, 일부는 한국을 떠나 해외에 보관되어 있기도 하답니다.

조선의 역사, 문화, 정치, 학문을 담고 있는 소중한 유산을 보관했던 규장각은 오늘날까지도 학문과 지식의 소중함을 일깨워주는 역사적인 장소로 기억되고 있답니다. 창경궁을 방문하면 규장각이 있던 자리를 마주하게 됩니다. 그곳을 걸으며 나라를 걱정하고 학문에 힘썼던 정조의 마음을 떠올려 보세요.

왕실 이야기 12

역적을 처단하는 ㅇ ㄱ ㅂ

① 의금부　　② 원금법　　③ 연구부

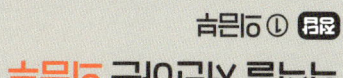

왕의 비밀경찰, 조선을 지켜라!

오늘날 법과 정의를 지키기 위해 만들어진 기관에는 법원, 검찰, 경찰 등이 있어요. 조선 시대에도 이들 기관처럼 나라의 법과 질서를 지키고 나라를 위협하는 큰 죄를 지은 사람들을 조사하고 처벌하던 특별한 기관이 있었죠. 바로 의금부(義禁府)라는 곳이에요. 의금부는 왕이 직접 다스리던 기관으로, 조선의 '비밀 경찰'이나 '특별 법원' 같은 역할을 했다고 볼 수 있어요.

의금부는 조선 건국 초기인 1392년, 나라의 법과 질서를 바로잡고 왕권을 강화하기 위해 만들어졌죠. 원래는 '순군부'라는 이름으로 시작했는데, 시간이 지나면서 이름이 의금부로 바뀌었어요. 의금부라는 이름은 '정의롭고 공정하게 법을 집행하며, 나쁜 일을 금지한다' 라는 뜻을 가지고 있어요. 이름에서도 알 수 있듯이, 의금부는 공정하게 법을 다스리는 아주 중요한 기관이었답니다.

의금부는 왕이 직접 관여하는 기관이어서, 왕의 명령을 받아 움직였어요. 먼저 의금부의 가장 큰 역할은 역적을 처단하는 것이었어요. 왕이나 나라를 위협하는 반역자들을 '역적'이라고 해요.

당시 왕에게 해를 끼치거나 반란을 일으키는 사람들은 나라의 평화를 깨뜨리는 큰 죄를 지은 것으로 간주하였죠. 의금부는 이런 역적들을 찾아내고, 그들의 죄를 조사해 처벌했어요.

또 의금부는 범죄자를 체포하고 조사하는 일을 했어요. 조사 과정에서는 범죄자가 무슨 일을 했는지, 어떤 죄를 지었는지 철저히 살폈답니다. 그래서 법에 따라 공정하게 재판을 진행하려고 노력했어요. 물론 당시에는 지금처럼 '인권' 개념이 부족해, 죄를 캐묻는 심문 과정에서 고문을 하기도 했어요.

의금부는 단순한 도둑질이나 싸움 같은 일반적인 사건보다는, 나라 전체에 영향을 미치는 특수한 범죄를 다뤘어요. 그래서 다른 법 집행 기관과는 달리 아주 중요한 역할을 맡았답니다.

의금부에는 여러 관리가 있었는데, 그중에서도 가장 높은 사람을 판의금부사라고 불렀어요. 이 사람은 의금부를 책임지는 장관 같은 역할을 했답니다. 또 도사와 부도사 같은 관리들이 함께 일하며, 사건을 조사하고 죄인을 심문하는 일을 도왔어요. 이처럼 조선을 지키는 파수꾼과 같은 역할의 의금부가 있었기 때문에 조선은 왕실과 나라를 위협하는 큰 사건들을 해결할 수 있었답니다. 비록 의금부의 방식이 지금의 법과는 다르지만, 정의와 공정함을 지키고자 했던 그 정신은 오늘날에도 이어져 오고 있답니다.

왕과 왕비가 생활하는 ㄱ

① 궁 ② 공 ③ 국

조선 궁궐 랜선 투어: 왕의 집을 구경하자!

　조선 시대에는 왕과 왕실 가족이 생활하고 나라를 다스리던 공간인 궁궐이 여러 개 있었어요. 하지만 현재 남아 있는 궁궐은 다섯 개로 경복궁, 창덕궁, 창경궁, 경운궁(덕수궁), 경희궁이 있지요. 궁궐들은 각기 다른 역할과 특징을 가지고 있으며, 국가의 중심지 역할을 했답니다. 왕이 머무는 궁궐을 법궁이라 해요. 법궁은 왕조의 공식적인 중심 궁궐로, 왕이 주로 생활하며 나라의 중요한 일을 처리했던 궁궐이에요.

　조선의 법궁은 경복궁이었어요. 조선 왕조를 처음 세운 태조 이성계가 한양에 지은 첫 번째 궁궐이죠. 경복궁은 가장 크고 화려하며, 왕권을 상징하는 중심 건물이 많습니다. 하지만 임진왜란 등으로 여러 차례 불타거나 훼손되었고, 이후 다시 복원되었답니다. 그럼 법궁에 화재나 나면 왕은 어디서 머물까요? 이를 위해 마련한 곳이 이궁입니다. 대표적인 이궁으로 창덕궁이 있어요. 창덕궁은 임진왜란 이후 경복궁이 파괴되면서 한동안 법궁 역할을 했답니다. 또 왕실 가족이 머무는 보조 궁궐의 역할을 한 별궁도 있어요. 창경궁은 세종이 왕비와 어머니를 위해 지은 궁궐로 왕실

여성이 주로 거처하는 공간으로 사용되었죠.

　그럼 조선의 궁궐 중 가장 크고 위엄 있는 경복궁에 대해 알아볼까요? 경복궁 안에는 다양한 건물들이 자리하고 있어요. 먼저 왕의 공식 정치 활동을 위한 공간인 근정전과 사정전을 만나볼 수 있어요. 근정전은 경복궁의 중심 건물로 웅장하고 화려한 단층 목조 건물로 왕은 국정을 논의하거나, 즉위식, 세자 책봉과 같은 국가의 큰 행사를 열었어요. 사정전은 왕이 학문을 연구하거나 신하들과 소규모 회의를 하던 곳으로, 근정전에 비해 소박하게 지어진 건물이랍니다. 또 왕실의 연회 장소로 사용된 아름다운 건축물인 경회루도 있어요. 경회루는 경복궁 안 연못 위에 세워진 정자로, 외국 사신을 접대하거나 신하들과 잔치를 열던 곳이에요. 경치가 매우 아름다워 오늘날에도 많은 사람들이 방문하고 있답니다. 향원정은 왕과 왕비가 산책하며 자연의 아름다움을 느낄 수 있도록 만들어진 정자예요. 이곳에서 잠시나마 여유를 즐길 수 있었답니다. 왕과 왕비가 하루의 일과를 끝내고 편히 쉴 침실도 중요했겠죠? 강녕전은 왕이, 교태전은 왕비가 머물던 공간이에요. 이곳에서는 휴식을 취하면서 일상적인 업무를 보기도 했답니다.

　오늘날 경복궁과 그 안의 건물들은 조선의 역사와 문화를 배우고 당시의 생활을 상상해 볼 수 있는 소중한 문화유산으로 남아 있어요.

현직 초등 교사 직접 집필!

교과연계와
어린이 눈높이 연결 **초성 퀴즈**로
여러 상식을 놀이처럼 익히자!

글 이동은, 이상진, 유준상, 이다인, 김보미 | 그림 한규원(필움), 신정아 | 184쪽 | 각 권 13,500원 ~ 14,500원

귀여운 캐릭터가 재미있게 이야기를 이끄는
초등쌤이 알려주는 비밀 시리즈!